CAMPAGNES

PHILOSOPHIQUES.

CAMPAGNES

PHILOSOPHIQUES,

OU

MÉMOIRES

DE M. DE MONTCAL,

Aide-de-Camp de M. le Maréchal de
Schomberg, contenans l'Histoire de
la Guerre d'Irlande.

Par l'Auteur des Mémoires d'un Homme de Qualite.

TROISIE'ME PARTIE.

A AMSTERDAM,
Chez DESBORDES, près la Bourse.

M. DCC. XLI.

CAMPAGNES
PHILOSOPHIQUES,
OU
HISTOIRE
DE M. DE MONTCAL,

Aide - de - Camp du Maréchal de
SCHOMBERG, tirée de ses
propres Mémoires.

Contenant la Guerre d'Irlande.

TROISIE'ME PARTIE.

MADAME de Montcal attendoit mon retour avec une impatience mêlée de crainte.
Elle n'étoit pas rassurée sur
les fureurs de Mademoiselle Fidert, &
quelque inclination qu'elle eût à la servir, il lui manquoit des preuves de son
retour à la vertu & à la raison, sans lesquelles il lui paroissoit toujours certain
que je ne pouvois la voir sans danger.
Elle avoit consenti néanmoins à ma visite, mais elle m'avoit prescrit elle-mê-

III. *Partie.*   A

me les précautions que j'avois à garder ;
& le souvenir de ma blessure faisoit encore une si vive impression sur elle,
qu'elle m'auroit arrêté par ses instances
& par ses larmes, si je ne m'étois engagé à lui obéir. Mais lorsqu'elle eût
appris avec quelle modération Mademoiselle Fidert m'avoit entendu, elle
brûla d'exécuter tout ce qu'elle m'avoit
proposé en sa faveur. J'avois déja loué
son dessein, & je le confirmai encore
par mon approbation. C'étoit de lui faire reprendre les habits de son sexe, &
de l'attirer près d'elle pendant la Campagne d'Irlande, dans l'espérance qu'a-
vec tant de jeunesse & de charmes elle
ne paroîtroit pas long-tems sans inspi-
rer à quelqu'un le désir de l'épouser. Il
n'étoit pas fort à craindre qu'elle fût reconnue dans la confusion de Londres ;
& pour ne rien négliger, ma résolution
étoit d'emmener en Irlande avant le
changement ceux d'entre mes domestiques qui avoient connu son sexe, ou qui
en avoient eu quelque soupçon. En
supposant que l'occasion se présentât de
l'établir, nous avions formé le dessein
de lui faire une dot considérable, avec
des conditions & sous des prétextes qui
ne la fissent point rougir de nous avoir

obligation. Enfin le cœur de Madame
de Montcal, qui ne refpiroit que la
bonté & la vertu, vouloit fe faire une
étude du bonheur d'une femme dont notre mariage avoit caufé le défefpoir.

Nous réglâmes que jufqu'à mon départ, je chercherois moins à l'adoucir
par mes vifites que par mes bienfaits. La
difficulté n'étoit qu'à les lui faire gouter.
Une femme que Madame de Montcal
avoit à fon fervice, nous parut auffi
propre par fon adreffe autant que par fa
fidélité à nouer infenfiblement cette efpéce de commerce. Mademoifelle Fidert
n'avoit point d'autre domeftique de fon
fexe qu'une femme déguifée comme elle,
& la feule, avec le valet qu'elle tenoit
de moi, qui connût la vérité de fa fituation. Je chargeai celle que nous pen-
fions à-lui donner, de fe préfenter de
ma part, & de commencer par lui faire
entendre, que je ne l'employois que
pour former entre nous le lien d'une fo-
lide amitié. Quoique pendant mon abfence, & depuis mon retour, j'euffe pour-
vû abondamment aux fraix de fon entretien, je remis une fomme confidérable à
cette femme, afin qu'elle fût toujours
en état de la prévenir dans fes moindres
défirs. Elle la reçut d'abord avec quel-

ques marques de défiance. Mais foit que
le plaifir de fe rapprocher de nous l'em-
portât fur le fond d'amertume & de reffentiment qu'elle confervoit toujours,
foit que l'adreffe de notre confidente
triomphât de tous les obftacles, elle ac-
cepta fes fervices. Ainfi nous fûmes fi-
dellement informés de fa conduite & de
fes fentimens. Elle étoit conftamment
enfevelie dans la même folitude, entou-
rée d'une multitude de Livres qu'elle
n'ouvroit point, & livrée par conféquent
à fes méditations perpétuelles. Les regrets qu'elle laiffoit échapper librement
devant les domeftiques à qui elle avoit
donné fa confiance, ne faifoient pas connoître de quelle forte de mouvemens
elle étoit agitée ; c'étoient des plaintes
vagues de fon fort, & des inftances au
Ciel pour hâter la fin de fa vie. Mais
lorfqu'elle eût commencé à fe familiari-
fer avec la femme de chambre que nous
lui avions envoyée ; elle l'interrogea
fans affectation fur le rapport qu'elle a-
voit eu avec nous. Elle entra dans les
moindres détails fur la conduite que je
tenois avec Madame de Montcal, & fur
la nature des fentimens que j'avois pour
elle. Sa plus vive curiofité étoit d'approfondir fi c'étoit l'intérêt ou l'amour

qui m'avoit engagé dans le mariage ; & ſans expliquer ce qu'elle en vouloit conclure, elle paroiſſoit peſer toutes les réponſes qu'elle recevoit. Aux aſſurances que notre confidente lui donnoit de notre amitié, & du zéle qui nous faiſoit penſer à lui devenir utiles, elle ne manquoit pas de répondre avec chaleur qu'elle nous déteſtoit, & qu'elle ne vouloit ni de nos ſervices ni de nos bienfaits. Cependant après s'être livrée à cet emportement, elle revenoit à ſe plaindre de ma dureté, qui alloit juſqu'à me la faire fuir, & peut-être à me faire regarder ſa vûe comme un tourment. Quelquefois elle prioit la femme de chambre de m'avertir qu'elle avoit quelque choſe de preſſant à me communiquer ; & lorſqu'elle la voyoit prête à partir, elle lui ordonnoit de demeurer. Elle ne ſe laiſſa jamais tenter par la vûe de mille curioſités qui flatent ordinairement le goût des femmes, & que nous avions l'attention de lui envoyer, Madame de Montcal & moi, avec un ordre ſecret à notre confidente de prendre pour elle au moindre ſigne de ſon inclination, tout ce qui paroîtroit lui plaire. Elle refuſoit même de les voir ; & traitant d'importunités tout ce qui étoit capable de

la diſtraire, elle ne ſouhaitoit que d'être
ſeule & comme abandonnée à elle-même.

M. le Maréchal étant parti, & le Roi
ſe diſpoſant à faire lui-même la Campagne, je me trouvai bientôt dans l'obligation de les ſuivre. Quelque déſir que
j'euſſe de faire mes adieux à Mademoiſelle Fidert, je me déterminai à quitter
Londres ſans la voir, par la ſeule crainte de renouveller ſes peines, en lui of-
frant un objet odieux. J'étois ſi perſuadé
qu'il n'y avoit que la néceſſité de ſa ſituation qui la forçât de recevoir mes
bienfaits, que je ne recommendai rien
avec tant d'inſtances à Madame de Montcal, que de lui épargner dans ſes ſervices la honte qu'on reſſent à dépendre
de la généroſité d'autrui. Perſonne n'é-
toit plus capable que ma femme d'entrer
dans ce ſentiment; & ſi elle avoit ap-
prouvé le deſſein que j'avois pris de partir ſans voir Mademoiſelle Fidert, c'eſt
qu'elle le trouvoit favorable à celui
qu'elle avoit de l'attirer auſſitôt près
d'elle. A peine eus-je quitté Londres,
avec tous mes anciens domeſtiques,
que lui faiſant faire des excuſes de la
précipitation de mon départ, elle la re-
jetta ſur les ordres preſſans de la Cour,
qui ne m'avoient pas laiſſé le tems d'ar-

ranger mes propres affaires ; & se fiâ-
tant, lui fit-elle dire, qu'elle n'auroit
point dans mon absence de meilleure
amie, ni de compagne plus familiere,
elle lui demandoit la liberté de l'in-
terrompre quelquefois dans sa solitude. Au milieu de ses sombres méditations Mademoiselle Fidert avoit été
touchée de la constance de nos soins.
Elle avoit même distingué ce qui pouvoit passer pour un devoir dans les
miens, après le commerce que j'avois eu
avec elle, & ce qu'elle ne pouvoit attribuer dans ceux de Madame de Montcal qu'à l'excellence de son caractére.
Mon absence servit encore à la lui faire
regarder sous une idée moins odieuse
que celle d'une rivale qui l'avoit sup-
plantée, & leur sort sembloit devenir
égal, lorsque l'une étoit sans mari comme l'autre sans amant. Enfin, après a-
voir laissé passer quelques jours sans répondre aux politesses & à l'invitation
de ma femme, elle prit le parti de lui é-
crire qu'elle étoit sensible à ses bontés,
& qu'elle n'avoit point d'éloignement
pour la voir ; mais que dans le déguisement où elle étoit, la bienséance lui permettoit si peu de paroître au milieu d'u-
ne grande Ville, qu'elle étoit résolue

A iiij

de se tenir ensevelie dans sa solitude. Madame de Montcal n'attendoit que cette réponse. Elle se hâta de lui rendre une visite, dans laquelle tout ce qu'une femme élevée à la Cour de France peut employer de caresses & d'insinuations pour gagner un cœur, fut heureusement mis en usage. Le plan de faire reprendre les habits de son sexe à Mademoiselle Fidert ne trouva point d'opposition dans son esprit. Au contraire elle ne put apprendre qu'il avoit été formé avec ma participation, sans se rendre enfin à cette preuve de ma bonne foi, & trouvant de la douceur à penser qu'elle alloit vivre habituellement dans ma famille, elle consentit à régler sa conduite par les conseils de Madame de Montcal. Le changement de ses habits ne fut pas différé. Après quelques justes précautions, elle se rendit chez nous comme si elle n'eût fait qu'arriver d'Irlande, & sous la qualité de fille d'un Officier François, née en Irlande depuis la révocation de l'Edit de Nantes.

Cette heureuse fin de tant de peines & de fâcheuses avantures porta la joie de Madame de Montcal jusqu'à me dépêcher un Courrier pour m'en apprendre la nouvelle. J'avois déja joint M. de Schom-

berg à Oxmanton, où il avoit marqué le
quartier d'assemblée. Les Troupes com-
mençoient à s'y rendre de toutes les
Garnisons, & sur le bruit de quelques
mouvemens des François, nous nous
disposions à nous approcher d'eux a-
vant l'arrivée du secours qu'ils attendoient. J'étois avec M. le Maréchal,
lorsqu'on vint m'annoncer le Courrier
de ma femme. Il me pria de le faire appeller dans sa présence, & par une indiscrétion que toute la familiarité avec laquelle il me permettoit de vivre avec
lui ne put me faire supporter sans chagrin, il prit des mains du Courrier les
lettres qu'il m'apportoit, pour en consi-
dérer l'adresse. Je m'y serois opposé
avec beaucoup moins de ménagement,
si j'eusse pu m'imaginer que l'une fût de
Mademoiselle Fidert. Il en reconnut le
caractére, & me remettant celle de ma
femme, Oh! pour cette fois, me dit-il,
je violerai le droit des gens, sans scrupu-
le. De quelques affaires qu'on puisse
vous entretenir dans la lettre que je re-
tiens, elle est moins intéressante pour
vous que pour moi. Je vous la remet-
trai, s'écria-t-il en me quittant, je pro-
mets de vous la remettre; mais ce ne se-
ra qu'après l'avoir lûe. Il s'enferma dans

A v

un cabinet, tandis qu'incertain de qui cette lettre pouvoit être, & fort satisfait même qu'il m'eût rendu celle de Madame de Montcal, où je m'imaginois qu'étoient les seules affaires que j'eusse quelque intérêt à lui cacher, j'interrogeai le Courrier sur les circonstances qui pouvoient m'éclaircir. Je n'en reçus aucune lumiére. Il avoit reçu sa commission de Madame de Montcal, qui lui avoit remis les deux lettres; & n'étant même qu'un étranger, qu'elle s'étoit procuré pour ne se pas priver de ses domestiques, il ne put me faire aucun détail qui concernât ma maison.

Je trouvai dans la lettre de ma femme un recit fort étendu des moyens qu'elle avoit employés pour gagner l'amitié de Mademoiselle Fidert, & du bonheur qu'elle avoit eu d'y réussir. Elle se promettoit de tirer d'elle autant d'agrément qu'elle vouloit lui en faire trouver dans leur liaison, & l'essai qu'elle en avoit fait répondoit déja à toutes ses espérances. Il est étrange que cette lecture même ne m'ouvrît pas les yeux, & qu'après l'avoir finie, je ne fusse pas porté à deviner plus juste de qui me venoit la seconde lettre. Quoi! l'aurois-je crûe effectivement de Mademoiselle Fidert?

Je ne pouvois attendre d'elle une lettre de reproches & d'injures, lorſqu'elle s'étoit déterminée à vivre avec Madame de Montcal ; mais fiére comme je la connoiſſois, & ſi éloignée de m'avoir donné les moindres marques de reconciliation depuis mon mariage, quelle apparence d'en recevoir ſi-tôt des témoignages d'amitié ou des politeſſes ? Enfin mes ſoupçons mêmes ne s'étoient point tournés de ce côté-là ; & lorſque M. le Maréchal ſortant d'un air enjoué me demanda en grace de lui rendre ſa parole, c'eſt-à-dire, de ne point exiger qu'il me reſtituât ma lettre, & de ſe contenter de l'Extrait qu'il m'en alloit faire, j'attendis encore la ſuite de ce diſcours comme l'explication d'un myſtére. On vous écrit, me dit-il, que juſqu'à votre retour, on eſt forcé de ſe rendre aux bontés de Madame de Montcal, & qu'oubliant enfin le mal & les outrages qu'on a reçûs de vous, on accepte un logement dans votre maiſon. Vous êtes trop heureux, reprit-il vivement ; mais comme je ne vous crois point dans le goût d'un double bonheur, je vous demande aujourd'hui avec plus d'inſtances que jamais de ne me pas nuire dans l'eſprit de Mademoiſelle Fidert ;

& fans vous quereller fur vos diffimulations, dont je ne veux pas pénétrer le
myftére je vous déclare que je mets toute ma confiance dans votre amitié. Le
voile fe rompant ainfi malgré moi, je
répondis avec quelques marques de confufion que je n'étois informé qu'au même moment, comme lui, d'une fi étrange nouvelle, & qu'il ne pouvoit douter
du zéle que j'aurois toûjours à le fervir.
Cependant s'il ne trouva point dans ma
réponfe un air de fincérité capable de
le perfuader, il y avoit encore moins de
difpofition dans le fond de mon cœur à
lui rendre déformais un fervice de cette
nature. L'engagement du mariage, &
l'exemple continuel que j'avois dans les
vertus de mon époufe, m'avoient fait
changer d'idée fur mille points de mo-
rale pour lefquels j'avois fouvent manqué de refpect dans ma jeuneffe ; &
quand je n'aurois pas eu pour frein le
projet de Madame de Montcal, je ne
me fentois plus la même inclination pour
quantité de plaifirs qui me fembloient
encore moins excufables à l'âge de M.
de Schomberg qu'au mien.

Ce que je trouvai de plus étrange
dans fes nouvelles efpérances, ce fut
que le Roi étant arrivé au Camp peu de

jours après, il fe hâta de lui apprendre
que Mademoifelle Fidert étoit retrou-
vée, & qu'il fe flatoit que les foupers
de Croydon recommenceroient avec un
nouveau goût l'hiver fuivant. Ce Prince
parut fenfible à cette nouvelle. Mais
tandis qu'ils me forçoient l'un & l'autre
de leur raconter une partie de la vérité,
& que loin de fentir diminuer leur eftime pour la jeune Irlandoife, ils paroiffoient charmés du tour romanefque qu'ils
trouvoient dans toutes fes avantures, je
faifois partir pour Londres le Courrier
de Madame de Montcal, avec deux lettres, où j'apprenois à Mademoifelle Fidert, comme à elle, l'accident qui a-
voit trahi notre fecret. Cette précaution
devint bientôt d'autant plus néceffaire
que M. le Maréchal fe défiant un peu
de mes promeffes, dépêcha fecretement
à Londres un homme de confiance pour
recommencer les foins & les inftances
de l'amour auprès de Mademoifelle Fidert. J'ignore quelle étoit particuliérement fa commiffion, mais je fus informé
trois femaines après que ce Mercure a-
voit été trompé dans fes efpérances par
un changement que M. de Schomberg
n'avoit pas prévû. Etant arrivé à Londres, il ne manqua point de fe préfen-

ter à Madame de Montcal, à qui il feignit d'autant plus naturellement que je l'avois chargé de rendre ce devoir, que s'il ne lui apportoit point de mes lettres, il lui donna pour raison qu'elle en avoit dû recevoir deux jours auparavant par son Courrier. M. le Maréchal, qui n'avoit pas manqué de l'en inftruire, s'étoit imaginé avec moins de fondement, que Mademoifelle Fidert étoit chez moi dans fon déguifement ordinaire, & fous le nom qu'elle avoit porté à Croydon. Son Meffager ayant demandé de ma part à la faluer fous ce nom, c'en fut affez pour faire juger à ma femme qu'il étoit venu avec d'autres ordres que les miens ; & ma lettre lui avoit appris ce qu'elle avoit à redouter de M. de Schomberg. Sa réponfe fut, qu'elle n'avoit perfonne chez elle qui portât ce nom. La crainte de fe trahir, empêcha le Meffager de M. le Maréchal de la preffer. Il garda enfuite les mêmes ménagemens, en demandant Mademoifelle Fidert aux domeftiques. M. de Schomberg lui avoit recommandé de ne pas expofer le fecret du déguifement par des queftions imprudentes. Enfin, ne trouvant rien qui reffemblât à ce qu'on lui avoit repréfenté, & n'ayant pas même apperçû chez moi

d'autres hommes que les domestiques ;
il écrivit à M. le Maréchal qu'il s'étoit
trompé dans l'opinion qu'il avoit de la
demeure de Mademoiselle Fidert, & que
dans quelque lieu qu'elle fût, il ne paroissoit point qu'elle eût la moindre
liaison avec Madame de Montcal.

Cette lettre donna lieu entre M. de
Schomberg & moi à des explications
qui ne me causerent pas moins d'étonnement qu'à lui. Il s'imagina d'abord que
l'envie de le traverser m'avoit déja fait
éloigner Mademoiselle Fidert de ma
maison ; & voulant mettre ma bonne
foi à l'épreuve, il me demanda simple-
ment si elle s'accommodoit bien de la
société de mon épouse. N'ayant plus
rien à lui déguiser, je l'assurai que Madame de Montcal se louoit extrêmement
d'une compagne si aimable. Il est donc
vrai, reprit-il, qu'elle demeure chez
vous ? Oui, répondis-je, sans balancer.
Ah ! Montcal, interrompit-il brusque-
ment, je ne mérite point que vous vous
fassiez une étude de me tromper. Ce jeu
a duré trop long-tems ; & si vous aviez
pour moi la moindre partie de l'attachement dont je me suis flaté, vous choi-
siriez du moins, pour vous faire un a-
musement de ma peine, quelque occa-

fion à laquelle je fûffe moins fenfible.

Je lui marquai d'un ton auffi férieux
que le fien toute la furprife que je ref-
fentois de ce langage. Et renouvellant
l'aveu que je lui avois déja fait de mes
premiéres diffimulations , je lui proteftai
que depuis ce tems-là je n'avois rien à
me reprocher. Ses plaintes recommen-
cerent encore , avec tant d'obfcurités ,
& même de contradictions pour moi ,
que l'ayant conjuré enfin de me faire
connoître des crimes dont je m'étois rendu coupable apparemment par quelque
imprudence , je l'engageai à me raconter ce qu'il avoit entrepris pour fatisfaire fa paffion. Il me fit lire la lettre de
fon Agent. Elle étoit fi formelle , & la
réponfe de Madame de Montcal autant
que les recherches & les informations
dont il s'étoit occupé pendant quinze
jours , fembloient des preuves fi infailli-
bles , que ne pouvant attribuer ce mal-
entendu qu'aux précautions dont ma
femme avoit ufé pour cacher fon amie ,
je retombai dans un autre embarras par
la crainte de m'être trop ouvert , & de
ne pouvoir plus diftinguer les bornes où
je devois m'arrêter. Le parti que je pris
fut de me fixer à ce qu'il y avoit de plus
clair pour moi-même dans cet incident.

Je proteftai à M. de Schomberg que n'ayant point eu d'autres lumieres que celles qu'il s'étoit procurées comme moi en ouvrant la lettre de Mademoifelle Fidert, il ne me reftoit point d'éclairciffement à lui donner, ni d'autre réponfe à faire à fes plaintes. Mais ce n'étoit pas détruire le foupçon qu'il avoit des nouvelles mefures, que j'avois pu prendre depuis ce tems-là, pour écarter l'objet de fon amour, & mon embarras n'ayant fait qu'augmenter fes défiances, il fe crut autorifé à me cacher déformais toutes fes vûes, comme il m'accufoit de lui déguifer les miennes.

Cependant notre Armée groffiffant tous les jours par la jonction des Troupes les plus voifines, le Roi qui étoit réfolu de faire la Campagne avec nous, fans ôter à M. de Schomberg le commandement général, nous fit avancer vers Atherton, où il craignoit que l'ennemi ne reprît le pofte qui l'avoit mis fi heureufement à couvert l'année précédente. Tous leurs retranchemens s'étoient fi bien confervés pendant l'hiver, qu'avec un peu de diligence pour s'y renfermer, ils nous auroient jéttés dans les mêmes difficultés qui avoient rompu les mefures de M. le Maréchal; fans compter un autre avantage de ce poste, qui étoit de leur assurer constamment une communication libre avec la mer. Mais le nombre de leurs Troupes étoit tellement diminué par diverses maladies, que dans l'attente où ils étoient d'un secours considérable, ils ne paroissoient pas disposés à s'éloigner sitôt de leurs quartiers. M. de Schomberg qui ne pensoit point à tirer avantage de la situation d'un Camp, fit détruire tous les retranchemens d'Atherton; & se plaçant au contraire dans une plaine fort ouverte, entre l'ennemi & ce poste, il parut s'occuper des moyens de l'accabler, lorsqu'il commenceroit à tenir la Campagne.

Le Roi étoit demeuré à Oxmanton, avec quelques Régimens de Cavalerie qu'il n'avoit conservés que pour sa garde. Nous n'en étions qu'à douze milles, & le chemin étant libre de son Camp au nôtre, M. le Maréchal avoit aussi peu d'inquiétude pour lui que pour nous-mêmes. Cependant dès le troisiéme jour après notre séparation, divers Courriers arrivant à toutes brides, nous apprirent que la Personne du Roi avoit été dans le dernier danger, par la trahison de deux François, qui avoient entrepris de l'enlever ou de le tuer la

nuit d'auparavant. L'ordre que ce Prince envoyoit particuliérement à M. le
Maréchal étoit, de faire partir un détachement de Dragons pour couper le
paſſage à un parti d'environ cent hommes, qui avoient eu la hardieſſe d'atten-
ter à la vie de Sa Majeſté ſous la conduite des deux François, & qui avoient
pris vers Inſtingine pour regagner apparemment le bord de la mer. Les deux
Chefs ayant été arrêtés, on eſpéroit de
pénétrer mieux le fond de ce complot ;
mais le Roi faiſoit marquer à Monſieur
de Schomberg une vive paſſion de ſe
faiſir, ou de mettre en piéces tout ce qui
s'étoit échappé d'un parti ſi audacieux.
Le Régiment de Banſteck fut commandé auſſitôt pour cette Expédition, &
tout le reſſentiment qui reſtoit contre
moi à M. le Maréchal, ne l'empêcha
point de me députer au Roi, avec diverſes propoſitions pour la ſûreté de ce
Prince. Dans l'incertitude des diſpoſi-
tions du peuple, ſur-tout au milieu d'u-
ne Province, où les Emiſſaires du Roi
Jacques n'avoient rien épargné pour re-
muer les eſprits en ſa faveur, M. de
Schomberg conſeilloit au Roi de ſe ſéparer le moins qu'il pourroit du Corps
de l'Armée ; & ce conſeil étoit d'autant

plus défintéreffé, que la préfence du
Maître fembloit devoir néceffairement
diminuer la confidération & l'autorité
du Général. Auffi prétendoit-on que le
Roi, qui avoit autant d'eftime que d'a-
mitié pour M. de Schomberg, n'étoit
demeuré après nous que pour lui laiffer
toute la liberté de fuivre fes propres
vûes. Une autre précaution que j'avois
ordre d'infpirer fecretement à Sa Ma-
jefté regardoit un Régiment de Cavalerie Irlandoife, pour lequel ce Prince
affectoit une confiance fpéciale, dans la
vûe de fe concilier la Nation. Le fentiment de M. le Maréchal étoit que dans
des circonftances où les reffources les
plus fûres étoient celles de la force, il
ne falloit point s'arrêter à des voyes
douteufes. Tout lui paroiffoit fufpect
en Irlande. Il vouloit que la Garde du
Roi ne fût compofée que d'Anglois &
de François Proteftans, & qu'il ne fe
laiffât point approcher par d'autres
Troupes.

Le Roi parut recevoir avec plaifir ce
que le zéle de M. le Maréchal lui adreffoit par ma bouche; mais en me marquant fa fatisfaction, il ne s'ouvrit point
à moi fur le parti auquel il vouloit s'arrêter. Cependant quand la fuite de cette

fanglante Campagne n'auroit pas jufti-
fié les confeils que je lui apportois, les
lumieres préfentes que j'eus le bonheur
de lui procurer devoient lui faire fentir
qu'il n'en avoit point de meilleur à fuivre dans les périls continuels où il étoit
venu s'expofer. Après m'avoir raconté
par quel bonheur il étoit échappé à l'entreprife qu'on avoit formée contre lui,
& que le mur de fa chambre ayant été
percé, il s'étoit heureufement réveillé
au bruit d'une brique que les deux François avoient fait tomber, en paffant par
la bréche, il me propofa de les voir
dans la prifon où ils étoient renfermés,
pour découvrir qui ils étoient, & quel
étoit le fond de leurs motifs, en attendant qu'on leur arrachât cette confeffion par d'autres voyes. J'acceptai volontiers cette commiffion. Mais quoiqu'ils fe fuffent déclarés François, dès
la première interrogation, & qu'ils par-
lâffent fort bien notre Langue, je ne
fus pas long-tems avec eux fans reconnoître qu'ils étoient Irlandois. Ils s'ob-
ftinerent néanmoins à le défavouer. Mais
outre la teinture étrangére, qui ne pouvoit tromper facilement l'oreille d'un
François, je les forçai enfin de me con-
feffer leur patrie, en leur proteftant qu=

la feule infamie de charger ma nation de leur crime, m'alloit faire folliciter leur fupplice ; au lieu que j'aurois pu m'intérefler pour leur grace, & faire pafler leur entreprife pour une action réglée, fur-tout s'ils étoient anciennement dans le parti du Roi Jacques, parce que la réfolution du Roi Guillaume étoit de ne traiter en rébelles que ceux qui avoient pris les armes contre lui depuis la defcente des François en Irlande. Ce langage les fit repentir de leur impofture. Ils fe nommoient, l'un *Rofs*, & l'autre *Harryfitz*. Celui-ci, qui me parut le plus adroit & le plus déterminé, me raconta qu'ayant fuivi Jacques Stuart dès le premier jour de fa fuite, il n'en étoit pas beaucoup plus avancé pour fa fortune. On n'étoit pas libéral à la Cour de Saint Germain. L'année précédente, qui étoit 1689, il avoit formé avec Rofs une Compagnie de cent hommes, les plus braves, me dit-il, d'entre tous les Irlandois qui s'étoient réfugiés en France & dans les pays-bas. Mais quoiqu'ils fuffent nés prefque tous au-deffus de la condition de foldats, il n'avoit pu obtenir pour eux une autre paye que celle du commun de l'Infanterie, & bientôt même on leur avoit propofé de les incorporer dans les Régimens de la Nation qu'on avoit formés nouvellement en France. Cette loi leur avoit paru si dure que, lorfqu'il avoit été queftion de l'embarquement, ils avoient mieux aimé paffer la mer à leurs propres frais, & venir fervir leur Maître en Irlande, fans autre vûe que le devoir & l'honneur. Ainfi n'étant point affujettis à la difcipline commune, ils ne formoient proprement qu'un parti, avec la dépendance générale qu'ils confervoient néanmoins pour M. de Berwick & les principaux Officiers de l'Armée Françoife. C'étoit Harryfitz qui avoit entrepris l'année précédente d'enlever l'Artillerie de M. de Schomberg, ou du moins qui avoit fervi de guide à Mylord Douglas. C'étoit lui & fes Compagnons qui l'avoient enclouée. Ils avoient contribué plus que tout l'argent de France à foutenir le courage & l'efpoir dans le cœur des Jacobites d'Irlande; & fans le bonheur que le Roi Guillaume avoit eu de fe réveiller, il feroit tombé infailliblement dans leurs mains la nuit précédente.

En effet leurs mefures avoient été prifes avec tant d'adreffe & de fuccès, que le Roi ne leur étoit échappé que

par une faveur extraordinaire de la fortune. Les intelligences qu'ils avoient dans
Oxmanton leur en ayant facilité l'ac-
cès pendant la nuit, ils avoient laissé
leurs gens à quelque distance du Bourg,
& suivis de quatre seulement des plus
résolus, ils s'étoient introduits dans une
maison qui touchoit, non à celle où le
Roi étoit logé, mais à la quatriéme d'a-
près, sur la même ligne. Ils avoient percé les murs de maison en maison, jufqu'à celui qui touchoit à la chambre du
Roi. Des précautions prises de si loin
n'ayant pu causer d'allarme à personne,
ils avoient eu la même facilité à percer
le mur du Roi, & les deux Chefs s'é-
toient déja introduits dans sa chambre.
Leur espérance étoit de l'enlever dans
son lit, de le forcer au silence par la
crainte de la mort, & de le conduire
par tous les trous qui leur avoient servi
de passage jusqu'à la dernière des quatre maisons, où ils avoient posté une
voiture prête à le recevoir. Le reste de
l'expédition paroissoit sans difficulté, &
le Roi se seroit trouvé peut-être au milieu des Troupes Françoises avant que
les siennes se fussent apperçûes de son
enlévement. Mais la chûte d'une brique
qui réveilla heureusement ce Prince,

lui

lui donna le tems d'appeller à son secours ; & les quatre soldats qui éclai-
roient à la bouche, ne voyant plus de
sûreté qu'à fuir avec les habitans des
quatre maisons, Ross & Harryfitz n'eurent ni le tems de s'approcher du Roi,
qui avoit gagné aussi-tôt un cabinet, ni
assez de présence d'esprit pour retrouver dans l'obscurité le trou par lequel
ils s'étoient introduits. Il falloit que
leurs préparatifs eussent été bien infail-
libles, puisqu'en s'appercevant aussi-tôt
de leur route, il fut impossible d'arrêter
aucun de leurs complices, ni même un
seul des habitans de chaque maison,
dont on avoit eu soin à la vérité de faire partir les femmes & les enfans à l'entrée de la nuit. Il n'avoit pas été difficile, en faisant marcher le matin à la découverte, de s'assurer qu'on avoit vu
dans le voisinage du Bourg une embus-
cade de cent Cavaliers ; mais on n'avoit
encore rien appris des deux Chefs qui
s'étoient obstinés au silence, & qui a-
voient cru rendre seulement leur entreprise moins odieuse, en se déclarant
François.

Une confession si sincére m'auroit dis-
posé effectivement à les favoriser dans
le rapport que j'en devois faire au Roi ;

III. Partie.   B

si je n'eusse déja remarqué que tous les
Anglois étoient déchaînés contr'eux,
& que je ne pouvois par conséquent
m'intéresser en leur faveur, sans m'exposer moi-même à de fâcheux soupçons.
Mon intérêt demandoit au contraire
que je me fisse honneur de ma découverte, & je devois sur-tout révéler au
Roi que de quelque œil qu'il pût regarder l'attentat qu'on avoit formé contre
sa Personne, ce n'étoit pas sur les François qu'il devoit tourner son ressentiment. Le tempérament que je pris entre ces extrémités, fut de lui apprendre que ses deux ennemis étoient Irlandois, mais attachés de tout tems au Roi
Jacques; & par le recit que je fis de
leurs vûes, je donnai plutôt une haute
idée de leur courage dans une entreprise où ils ne s'attendoient à rien moins
qu'à faire le Roi Prisonnier au travers
de mille périls, que je ne les fis soupçonner du lâche dessein de l'assassiner
dans son lit. Et j'étois persuadé en effet
que loin d'en vouloir à sa vie, ils auroient
mis leur gloire à le conduire au Camp
du Duc de Berwick. Cependant ils n'en
furent pas moins jugés avec toute la rigueur des loix contre la haute trahison,
& M. de Schomberg fut d'avis lui-même

qu'ils ne pouvoient être sauvés du sup⁼
plice. Sa décision lui couta cher avant
la fin de cette malheureuse Campagne.
Le jour marqué pour l'exécution, Harryfitz s'échappa avec une merveilleuse
adresse du cachot où il étoit renfermé,
& Ross paya seul pour l'un & l'autre.

Notre Armée étoit déja de quarante
mille hommes, & quoique le secours
attendu des François fût enfin arrivé sous
le commandement du Comte de Lauzun, n'étant que de huit mille hommes,
il releva peu le courage des Jacobites.
Tous leurs efforts & leurs prétendues intelligences n'avoient pu rassembler depuis le commencement de la Guerre
qu'environ trente mille Irlandois, dont
le tiers avoit péri au siége de Londondery, ou par les maladies qu'ils avoient
essuyées à la fin de l'hyver. Les premiers
secours de France, qui n'avoient pas été
plus nombreux que le dernier, étoient
aussi fort diminués par les mêmes acci-
dens; de sorte que le Comte de Lauzun, qui prit le commandement sous
les ordres du Roi Jacques, n'avoit pas
trente mille hommes sous les siens; tandis qu'avec une supériorité déja réelle,
nous avions l'espérance de la voir augmenter de jour en jour par la jonction

des zélés Proteſtants , qui nous arri-
voient de toutes les parties du Royau-
me. Le Brigadier Worſley fut détaché
par M. le Maréchal , avec ſept cens
hommes d'Infanterie , & trois cens chevaux pour obſerver les premiéres mar-
ches de l'ennemi. Il rencontra leur avant-
garde , qui trompée par le bruit qui s'é-
toit répandu , que nous nous étions
renfermés dans le Camp d'Atherton ,
s'avançoit ſans précaution vers Bilingargy , autre poſte , dont la ſituation
pouvoit être pour eux d'un extrême a-
vantage. Worſley , qui pénétra leur
deſſein , conçut qu'il devoit tout riſ-
quer pour le prévenir. L'inégalité du
nombre pouvoit être réparée par la ru-
ſe. Il s'embuſqua ſi avantageuſement
qu'ayant ſurpris l'ennemi dans le déſordre d'une marche libre & negligen-
te , il le mit en fuite , après lui avoir tué
plus de ſix cens hommes. Il s'empara auſſitôt du Château de Bilingargy, place importante par la bonté du pays qu'elle
commandoit , & d'où nous pouvions tirer continuellement nos vivres. De ſon
côté M. le Maréchal ſurprit Charlemont,
où les Jacobites avoient un magazin
d'armes , & d'où ils pouvoient s'ouvrir
à tous momens la route de Dublin. Le

Roi , accompagné du Prince de Dane-
mark , rejoignit enfin le corps de l'Armée. Mais apprenant aussi-tôt que
l'ennemi s'étoit avancé à Kanan , où il
étoit encore important de ne pas lui laisser le tems de se fortifier , il prit la réso-
tion de l'attaquer dans ce poste. Nous
n'en étions qu'à treize mille , & le reste
du jour paroissoit suffis avec une partie
de la nuit suivante pour nous trouver
le lendemain à la vûe de l'Armée Jacobite. Mais le hazard m'avoit fait remarquer , en exécutant quelques ordres
de M. le Maréchal , une gorge si étroite sur la route , qu'il me parut impossible que notre marche pût se faire avec
cette facilité & cette diligence. Il étoit
si dangereux néanmoins que l'ennemi
pût être averti de notre dessein avant
que nous fussions au de-là du défilé ,
que je me hâtai de faire cette objection
au Roi. Elle lui auroit fait changer de
projet , si le Brigadier Worsley ne lui
eût proposé un autre moyen de l'exécuter. C'étoit de lui confier dix mille hommes de nos meilleures Troupes , qu'il
crut suffisans pour battre un corps d'Armée sans discipline , & presque sans armes , sur-tout , lorsque pouvant s'avancer avec toute la promptitude qu'on s'é-

toit d'abord propofée, il les furpren-
droit dès la pointe du jour, au moment
qu'ils feroient fans défiance. Quelque
hardieffe qu'il y eût dans cette propofi-
-tion, l'idée qu'on avoit de la conduite
& du courage de Worsley la fit accepter. Le Roi Jacques étoit en perfonne
à Kanan, mais il n'avoit avec lui que
fes Irlandois ; & le Comte de Lauzun,
qui avoit fenti de quelle importance il
étoit de reprendre Charlemont, s'étoit
détaché avec fes François pour obfer-
ver cette place. Ceux qui ont voulu diminuer la gloire de Worsley, ont prétendu qu'il étoit informé de cette divi-
fion de l'ennemi, & qu'il n'avoit garan-
ti le fuccès de fon entreprife que fur des
lumiéres dont il s'étoit réfervé la connoiffance. Quelque idée qu'on en pren-
ne, rien n'eft fi honorable pour cet Of-
fier que la confiance avec laquelle on le
crut capable d'exécuter à la tête de dix
mille hommes, ce que le Roi n'avoit
eu deffein d'entreprendre qu'avec toute
fon Armée.

M. de Schomberg à qui j'ai déja remarqué que fes chagrins amoureux ne
faifoient perdre aucune occafion de tra-
vailler à mon avancement, vanta beaucoup au Roi l'expérience que j'avois

dans la Cavalerie ; & le faisant souvenir
qu'il s'étoit bien trouvé de m'avoir employé , il l'engagea à me charger du
commandement des trois mille chevaux
que Worsley avoit demandés pour son
expédition. Nous partîmes sur le champ,
après avoir eu la précaution de nous faire précéder par quelques Coureurs. L'u-
tilité que nous en tirâmes , fut d'être a-
vertis avant la nuit que le Duc de Berwick marchoit vers Kanan avec un corps
de deux mille hommes , qu'il nous auroit été facile de tailler en piéces avant
qu'il pût joindre le Roi Jacques. Mais
quoiqu'un renfort arrivé si heureusement
à l'ennemi augmentât le péril & les difficultés de notre entreprise, Worsley comprit que nous ne pouvions le charger
sans abandonner notre principal dessein ;
& résolu de braver tous les événemens,
il nous fit attendre au contraire à passer
le défilé , que le Duc fût assez éloigné
pour ne prendre aucun soupçon de notre approche. La nuit nous devint si favorable , par un clair de lune , qui dura
jusqu'à trois heures , qu'étant arrivés
presqu'à la vûe de l'ennemi avant l'obscurité , nous eûmes le tems de nous reposer près d'eux jusqu'à la pointe du
jour. Nous ne connoissions point assez

B iiij

leur situation pour hazarder notre atta=
que dans les ténébres ; mais négligeant
avec Worsley le repos que nous faisions
prendre à nos Troupes , nous fûmes à
cheval tout le reste de la nuit pour attendre les premiers rayons du jour , qui
devoient servir à nous faire juger des
circonstances , & à régler nos résolu-
tions. Il nous fut aisé de reconnoître
que les ennemis n'étoient défendus que
par un foible retranchement , dans lequel même le Duc de Berwick n'avoit
pas eu le tems de se renfermer avec ses
deux mille hommes. Quoique le terrain
parût fort uni, il avoit un penchant im-
perceptible, qui faisoit qu'à une certai-
ne distance de la ville sous les murs de
laquelle l'ennemi étoit campé, l'Hori-
zon étoit borné tout d'un coup ; & c'é-
toit sur cette espéce de sommet que nous
avions fait reposer nos Troupes. Worsley me fit ranger ma Cavalerie sur les
deux aîles à l'extrémité où commençoit
la descente ; & n'ayant pas donné beaucoup d'épaisseur à mes rangs , ils se pré-
sentoient d'un côté & de l'autre avec
l'apparence d'un corps formidable. Le
jeune Lord Dungary qui s'étoit déja fait
de la réputation dans la Cavalerie, étoit
à l'aîle gauche , avec l'ordre qui nous

étoit commun de fondre chacun de nôtre côté fur les deux mille hommes du
Duc de Berwick, qui formoient comme la tête du Camp, tandis que notre
Infanterie s'avançant vers le centre, ou
les tailleroit en piéces, ou les forceroit
de paſſer le retranchement avec une con-
fuſion qui n'en porteroit pas moins dans
l'Armée qu'ils avoient derriere eux. Il
eſt certain qu'ils n'avoient encore aucun
preſſentiment de notre approche, lorſque nous commençâmes à nous mettre
en marche, & leur fécurité devoit être
extrême, puiſqu'ils avoient négligé d'a-
voir des gardes avancées. Mais le Duc
de Berwick, qui avoit déja toute l'ardeur & toute l'intelligence d'un Grand
Général, étoit venu de grand matin
pour faire ouvrir un ſecond retranchement qui enfermât ſes Troupes. Quand
le jour n'auroit pas été bien-tôt aſſez
clair pour lui faire découvrir le péril qui
le menaçoit, le bruit de nos Trompet-
tes & de nos Tambours que nous affec-
tâmes de faire entendre, lorſque nous
nous crûmes à portée d'être apperçûs,
ne lui auroit laiſſé aucun doute qu'il ne
fût au moment d'une ſanglante attaque. Loin de ſe déconcerter il comprit en habile homme qu'il ne pou-

voit lâcher un pouce de terrain, fans jetter le trouble derriére lui, & que le plus grand fervice qu'il pût rendre aux Troupes du Roi fon pere, étoit de foutenir notre premiere attaque, pour leur donner le tems de fortir du fommeil & de fe mettre en état de défenfe. Il eut même tant d'activité & de préfence d'efprit, que changeant l'ordre du travail qu'il avoit déja donné aux fiennes, en préparation pour le combat, il fe trouva prêt à nous recevoir d'affez bonne grace pour nous tromper dans une partie de nos efpérances.

Cependant comme il étoit impoffible qu'il foutînt long-tems nos efforts, fes gens à qui il ne s'offroit point d'autre voye pour fauver leur vie que de fe précipiter de l'autre côté du retranchement, y cauferent tout l'embarras que nous avions efperé; ce qui n'empêcha point que Macarty, qui commandoit le Camp fous les ordres du Roi, ne tirât tout le parti qu'il put de fa fituation pour fe défendre, tandis que le Duc de Bérwick, fecondé de fes plus braves Officiers, faifoit encore des prodiges de valeur pour retarder notre impétuofité. Mais fon cheval ayant été tué fous lui, à peine en eut-il repris un autre qu'il

fut bleſſé dangereuſement à la cuiſſe ; &
n'ayant plus d'autre parti à prendre que
de paſſer le retranchement, ſa retraite &
la vûe de ſa bleſſure y cauſerent plus de
déſordre que la fuite précipitée de ſes
gens. Worſley me chargea de tenir ma
Cavalerie en bon ordre ſur le bord du
retranchement ; & ne penſant qu'à pénétrer dans le Camp, il y auroit porté infailliblement le carnage & l'horreur, ſi
les mêmes Coureurs qui nous avoient
avertis la veille de l'arrivée du Duc de
Berwick, & qui avoient continué leurs
obſervations pendant toute la nuit, n'é-
toient venus l'avertir encore que le
Comte de Lauzun revenoit au Camp
avec ſes huit mille François, & n'en
étoit pas plus d'à deux milles. Il n'y
avoit ni prudence ni valeur qui pût nous
ſervir dans un danger ſi preſſant. Outre
la différence que nous devions mettre
entre des Troupes auſſi-bien diſciplinées
que celles de France, & celles que nous
étions déja ſûrs de mettre en déroute,
il y avoit ſi peu d'apparence que nous
puſſions nous défendre, lorſque nous
ferions pris à dos par le Comte ; ou que
nous diviſant, nous puſſions être aſſez
forts pour lui faire tête, que Worſley
tourna toute ſon attention à nous dé-

robber par une prompte retraite. Il fré-
miſſoit de rage. Soutenez-moi, me dit-
il ; nous ferons peut-être aſſez heureux
pour paſſer le défilé d'Oſdtock, avant
que nos Ennemis ſe ſoient aſſez reconnus pour nous pourſuivre. Son Infanterie, qui n'attendoit qu'un ſigne pour
forcer le retranchement, fut étrange-
ment ſurpriſe de l'ordre qu'elle reçut
de tourner le dos au Camp. Worſley ſe
garda bien de donner un air de précipitation à ſa retraite. Mylord Dungary
demeura ferme ſur le bord du retranchement, tandis que je faiſois vis-à-vis
de lui la même contenance. Enfin nous
étant repliés ſur la queue de l'Infanterie, je commençai à croire que l'Ennemi
fort ſatisfait de notre réſolution nous
laiſſeroit la liberté de nous éloigner tranquillement.

Mais le Duc de Berwick, qui avoit
paru oublier ſa bleſſure pour aider Macarty à mettre ſes Troupes en bataille
dans leur Camp, ne manqua point d'attention pour le mouvement qu'il vit faire
aux nôtres. Sans pénétrer le deſſein qui
nous faiſoit abandonner notre entrepriſe, il comprit que cette retraite précipitée n'étoit pas ſans miſtere, & qu'a-
vec la ſupériorité qu'il avoit ſur nous

par le nombre, il pouvoit nous faire
payer cher l'affront qu'il venoit de recevoir. Je n'ai pas fçû s'il fe donna le
tems de faire panfer fa bleffure ; mais paroiffant à la tête de l'Armée, auffi-tôt
qu'elle fut fortie du Camp, il nous preffa
bien tôt fi vivement, qu'à moins de nous
abandonner ouvertement à la fuite, nous
ne vîmes aucune apparence d'éviter le
Combat. Il ne nous refta qu'à choifir,
pour faire face, l'endroit qui pouvoit
nous être le plus avantageux par fa fituation. Cependant Worfley accourant à
moi, me donna ordre d'ouvrir ma Cavalerie, fuivant la même méthode dont
nous étions convenus pour forcer le
Duc de Berwick, & de nous avancer,
Mylord Dungary & moi, fur les deux
aîles au moment de l'attaque, pour prendre des deux côtés l'Ennemi en flancs,
& le rompre à grands coups de fabre. Il
demeura ferme lui-même à la tête de
fon Infanterie ; tandis que les Jacobites
s'avançoient en bon ordre. La premiere
décharge fe fit de part & d'autre avec
trop de confufion pour caufer beaucoup
d'effet, & dans les vûes des deux Généraux la mêlée ne pouvoit être trop tôt
engagée. Effectivement tandis que Worfley comptoit fur le mouvement de notre
Cavalerie, le Duc de Berwick qui s'é-

toit défié de notre deſſein, & qui étoit
aſſez ſupérieur en nombre pour faire
l'emploi qu'il jugeoit à propos d'une
partie de ſes Troupes, avoit rangé ſon
arriere - garde ſous la forme des deux
branches d'un Y Grec, avec ordre à
chaque branche de ſe replier en cercle
ſur les flancs de ſon Corps de Bataille,
pour envelopper notre Cavalerie, lorſqu'elle en viendroit à l'exécution de
notre projet. Je compris le ſien au premier mouvement que je vis faire à ſon
arriere-garde; mais eſpérant d'avoir mis
le Corps de Bataille en déſordre, avant
qu'elle pût nous ſerrer d'aſſez proche
pour nous incommoder beaucoup, mon
ardeur ne fit que redoubler pour l'attaque. La premiere impétuoſité de mes
Cavaliers fut terrible ; & je m'apperce-
vois déja du trouble de nos Ennemis,
lorſqu'un coup de picque, que je ne vis
point partir, me fit une ſi large bleſſure
au bas ventre, qu'une partie de mes in-
teſtins s'écoulant ſur ma ſelle, je fus
obligé de me ſervir de mon mouchoir
pour les retenir. Le Colonel Ogle m'exhortant à me retirer; Mon malheur m'y
force, lui dis-je, & faſſe le Ciel que le
ſervice du Roi n'en ſouffre rien! Sup-
pléez à mes fonctions, ajoutai-je, & ne
ſongez qu'à pénétrer devant vous. Je le

quittai, en accusant mon sort : car joi-
gnant mon Valet de Chambre qui m'a-
voit toujours suivi de loin avec un cheval de main, je m'abandonnai à sa conduite pour le choix d'un lieu où il pût
visiter ma blessure. La disposition du
terrain nous ayant fait perdre de vûe en
un moment le champ de Bataille, il me
fit mettre pied à terre sur le bord d'un
petit bois, où il fit entrer mes chevaux ;
& nous étant mis à couvert sous le feuil-
lage, il employa toute son adresse à me
panser. J'étois mort sans doute, si le
secours eût été plus lent, ou mon Valet
moins habile. Etant Chirurgien, il se
trouvoit chargé heureusement de tout
ce qui appartient à sa profession. Quoique ma blessure ne m'eût pas beaucoup
affoibli, & qu'elle ne fût pas mortelle
en elle-même, je fus si surpris de sa lar-
geur, & mes intestins que mon Valet
commença par tirer à pleines mains sur
un linge, me formerent un si étrange
spectacle, que je ne pouvois me persuader qu'il me restât quelque prétention
à la vie sans un miracle du Ciel. Cependant il m'assura que s'ils n'étoient pas
plus endommagés qu'il ne croyoit d'a-
bord s'en appercevoir, le danger étoit
peu redoutable. Son principal cha-

grin étoit de manquer d'eau tiéde pour
les laver. La providence y pourvut par
l'abondance d'urine que mes chevaux
rendirent fucceffivement, & que mon
Valet reçut dans mon chapeau & dans
le fien. Il avoit un flacon de vin blanc,
& quelques liqueurs fortes, qui furent
d'un merveilleux ufage. Enfin mes forces diminuant peu à peu, je ne m'apper-
çus du refte de fes opérations que par
la vive douleur que me caufoient quelquefois fes mains ou fes inftrumens. Il
fut obligé de recoudre quelques boyaux,
qui avoient été coupés ou percés. Il en
coupa lui-même diverfes parties trop
endommagées, & fur le récit qu'il me
fit enfuite d'une entreprife fi difficile, Je
conçûs qu'il ne m'avoit pas plus épargné qu'un cadavre. La connoiffance &
le fentiment me manquerent plufieurs
fois; mais il s'en allarmoit fi peu dans un
auffi bon tempérament que le mien, qu'il
faififfoit au contraire ces momens-là pour
fes opérations les plus douloureufes.

Quoique nous ne fuffions qu'au mois
d'Avril, le foleil avoit affez de force
pour empêcher que je ne fuffe incom-
modé de la fraîcheur. Cependant comme il nous reftoit une autre crainte, qui
venoit de l'incertitude de la victoire,

& par conféquent une autre forte de danger, il y avoit peu d'apparence que nous puffions quitter notre retraite avant la nuit. Ma fituation même fembloit demander des fecours que je ne pouvois efpérer fi le fuccés du combat ne s'étoit pas déclaré pour nous. Mon Valet avoit employé plus de quatre heures à panfer ma bleffure. Le bruit des Armes que nous n'avions pas ceffé d'entendre pendant près de deux heures, avoit ceffé entiérement. Il falloit nous éclaircir de notre fort, & j'ordonnai enfin à mon Valet de fortir du bois à toutes fortes de rifques. Il ne fut pas abfent plus d'un quart d'heure, au bout du quel je l'entendis revenir, mais accompagné de plufieurs perfonnes dont l'approche me caufa de l'inquiétude.

J'étois couché fur l'herbe, & couvert du manteau de mon Valet & du mien, dont il m'avoit formé une efpéce de lit avec les felles & les harnois de mes chevaux. Ma foibleffe ne me permit point de lever la tête pour découvrir dequoi j'étois menacé; mais une voix que je crus reconnoître, m'adreffa d'abord quelques mots de confolation, & m'exhortant à n'attendre que des fervices d'un homme qui confervoit de la reconnoiſſance pour les miens , elle ſe fit reconnoître enfin pour celle du partiſan Harryfitz. Mon Valet étoit tombé entre les mains de ſes gens , qui l'avoient mené à leur Chef. Il n'avoit pas fait difficulté de confeſſer qu'il m'appartenoit , & mon nom avoit rapppellé à la mémoire de Harryfitz l'intérêt que j'avois pris à ſon malheur dans les cachots d'Oxmanton. Je n'eus rien de ſi preſſant que de ſçavoir de lui l'événement du combat. Il m'apprit que notre Cavalerie ayant pris la fuite , lorſqu'elle s'étoit vûe ſérieuſement dans le danger d'être enveloppée, l'Infanterie avoit mal répondu à l'attente de Vorſley. Après une foible réſiſtance , elle avoit tourné le dos , ſans conſidérer que de tous les maux qu'elle avoit à craindre , le plus dangereux étoit de ſe défendre mal , & de ſe livrer par conſéquent dans ſa fuite à la fureur d'un ennemi ſans pitié. Auſſi fut-elle taillée en piéces ; & de ſept mille hommes dont elle étoit compoſée , à peine en échappa-t-il deux mille , qui gagnerent les montagnes voiſines , où Worſley fut aſſez heureux pour les rejoindre.

Harryfitz m'ayant promis non-ſeulement de me laiſſer la liberté , mais de

me fervir d'efcorte jufqu'au lieu où je
fouhaitois de me faire tranfporter, j'acceptai fes offres ; & je le priai de me
conduire à Grunlafter , qui n'étoit
éloigné que de trois milles du côté de
Charlemont. J'y connoiffois un Maître
d'Hôtel de Monfieur le Maréchal, qui
s'y tenoit pour faire conduire au Camp
fes provifions de bouche. Ce lieu étoit
fans défenfe ; mais de part & d'autre on
s'arrêtoit peu à prendre des places inutiles , ou à faire des prifonniers. Nous y
arrivâmes à la fin du jour , & les gens
d'Harryfitz ne craignirent point de me
tranfporter jufqu'à la maifon du Maître
d'Hôtel, où je les récompenfai libérale-
-ment. M. le Maréchal, à qui je dépêchai fur le champ mon Valet de chambre , parut extrêmement fenfible à mon
infortune ; mais après s'être fait expliquer les circonftances & le danger de
ma bleffure, tout le chagrin qu'il reffen-
toit de la défaite de nos Troupes ne
l'empêcha point de s'occuper d'un autre intérêt, dont on n'auroit pas foup-
çonné qu'il fût fi rempli dans l'accable-
ment de tant d'affaires férieufes.

Après m'avoir renvoyé mon valet,
avec des marques fort tendres de la part
qu'il prenoit à ma fituation ; il fit appel-

fer un autre de mes gens, à qui il donna ordre de partir promptement pour
Londres, & de porter à Madame de
Montcal la nouvelle du danger où j'é-
tois pour ma vie. Un mot de fa main ,
dont il le chargea, pour témoignage
de la vérité de fa commiſſion , ne lui
laiſſa aucun doute que ma femme ne fe
mît en chemin ſur le champ pour l'Irlande ; & dans ſon abſence , il eſpéroit
que le Mercure qu'il avoit envoyé à
Londres, & dont il avoit réveillé le zéle par de nouveaux ordres depuis notre
derniére explication , découvriroit enfin Mademoiſelle Fidert. Ce deſſein é-
toit d'autant plus adroit qu'il ne paroiſſoit ſuivre que le mouvement de l'amitié , & que dans le péril où j'étois effectivement , c'étoit rendre également ſervice à Madame de Montcal & à moi.
Mais ſon attente fut trompée , & ce qu'il
n'auroit oſé ſe promettre , elle le fut ſi
heureuſement pour lui qu'il tira d'autres
avantages de ſon erreur. Madame de
Montcal mortellement allarmée de ſa
lettre , ne manqua point de la communiquer à Mademoiſelle Fidert , & de
lui déclarer la réſolution où elle étoit
de partir pour Grunlaſter. L'embarras
de ſe trouver ſeule à Londres , ſoutenu

de quelques mouvemens de reconnoiffance , & peut-être d'un refte de ten-
dreffe , fit naître à celle-ci la penfée
d'accompagner fon amie. A l'objection
qu'elle pouvoit fe faire à elle-même fur
les périls qu'elle avoit à redouter dans
fa patrie , elle trouvoit une réponfe
non-feulement dans la protection du
Roi, dont elle avoit les promeffes de ce
Prince pour caution , mais encore dans
la diftance de Grunlafter jufqu'à fa province. Son frere qui continuoit de fervir à l'Armée , ne pouvoit lui caufer
beaucoup d'inquiétude. Enfin les précautions qu'elle vouloit prendre la raf-
furant contre toutes fortes de dangers ,
elle fe difpofa à fuivre Madame de Montcal dans fon voyage. C'eft à ce recit que
je dois m'arrêter , plus qu'à la relation
des mouvemens militaires , aufquels je
ne pris aucune part pendant l'efpace de
deux mois.

Les deux Dames firent la route avec
tant de diligence , qu'étant arrivées à
Grunlafter en moins de huit jours, elles
me cauferent autant de furprife par la
promptitude de leur marche, que de
joie par leur préfence. Dans le trifte é-
tat où j'étois encore , je tirai affez de
force de la fatisfaction de mon cœur

pour les combler de mes plus tendres
careffes, & je ne me laffois point d'ad-
mirer que la vertu & l'amitié parûffent
enfin les réunir. Si l'hiftoire de ma bleffure, & le jugement qu'elles devoient
porter de ma fituation furent les objets
les plus preffans de leur curiofité, la
mienne voulut être fatisfaite fur mille
circonftances que je n'avois apprifes
qu'imparfaitement par leurs lettres. Je
leur avois marqué mon dernier démêlé
avec M. le Maréchal, & ce ne fut qu'en
voyant Mademoifelle Fidert fous les
habits de fon fexe que je compris l'erreur du Mercure qui n'avoit pu la découvrir. Mais tremblant auffi-tôt pour
les embarras où elle venoit s'expofer,
je lui fis appréhender prefqu'également
& les pourfuites de fon frere, & les perfécutions de M. de Schomberg. Elle a-
voit même ce défavantage en Irlande,
que les moindres foins de M. le Maréchal ne pouvant manquer d'attirer fur
elle les yeux du public, il lui feroit
beaucoup plus difficile d'y demeurer
long - tems inconnue. Rien n'étant capable de l'effrayer, je lui recommandai du moins d'éviter foigneufement
la vûe des Irlandois, & de fe tenir ren-
fermée chez moi avec Madame de
Montcal.

Mes conseils durent passer pour autant de prédictions ; car dès le second jour de son arrivée, l'Armée qui avoit fait une infinité de mouvemens depuis quinze jours , passant à deux mille de Grunlaster pour s'avancer vers Dublin , un sentiment de bonté & d'amitié fit rappeller à M. le Maréchal de Schomberg que j'étois encore languissant dans cette ville. Il se déroba pour quelques heures à sa suite, & paroissant à ma porte, où il fut aussi-tôt reconnu de mes domestiques , il exigea d'eux qu'on le conduisît droit à ma chambre sans leur avoir permis de m'avertir. Madame de Montcal & Mademoiselle Fidert étoient près de moi dans une parure fort négligée. Un coup d'œil lui fit reconnoître ma femme ; mais ce ne fut qu'après m'avoir parlé long-tems avec beaucoup de tendresse & de bonté, que se tournant vers Mademoiselle Fidert , il crut démêler dans son visage des traits qui ne lui étoient pas inconnus. J'aurois volontiers fait signe à cette jeune personne de se retirer, & j'étois surpris qu'elle n'eût pas pris cette précaution dès le premier moment. Mais soit qu'elle comptât trop sur le changement de ses habits , soit qu'elle crût connoître assez

M. de Schomberg, pour ne rien appréhender de son indiscrétion, elle étoit demeurée modestement à l'écouter. Après différentes marques d'incertitude & d'embarras, il ne craignit plus enfin de s'y méprendre ; & se levant d'un air passionné, Il marqua plus de joie de la revoir, qu'il n'en auroit eû du gain d'une Bataille. J'observois quelle seroit la conclusion de ce transport ; mais il ne devoit pas finir si-tôt: M. le Maréchal oublia qu'il avoit promis à ses Gens de n'être absent qu'une heure ou deux. Tout le reste du jour se passa dans le même oubli du tems & des affaires qui demandoient peut être sa présence. Enfin nous quittant le soir, il nous promit de se dérober aussi souvent qu'il lui seroit possible, pour venir se délasser, nous dit-il, avec ses Amis ; & je n'ai pas douté que ce dessein n'eût beaucoup de part à la résolution qu'il prit de camper vers Belfast, qui n'étoit qu'à six milles de Greenlaster. Le Roi Guillaume avoit été rappellé en Angleterre par les démêlés du Parlement.

Quoique j'eusse été témoin, comme Madame de Montcal, de tous les empressemens, & des discours mêmes de
M.

M. de Schomberg, il nous étoit échappé mille de ces tendres propositions que
l'amour sçait toujours couvrir d'un
voile, & que Mademoiselle Fidert eut
la sincérité de nous révéler. Ne s'ima-
ginant plus qu'il eût rien à combattre
dans son cœur, il l'avoit pressée ouvertement de recommencer avec lui une
liaison qui ne devoit finir que par la
mort de l'un ou de l'autre ; & lui laiffant le choix, ou de l'éclat, ou du secret, il lui promettoit dans l'une ou
l'autre supposition de tout rapporter à
son bonheur. A l'égard de ce qu'elle
avoit à craindre du ressentiment de son
frere, il se flattoit d'engager le Roi à
passer sur les difficultés qui l'avoient
arrêté en Angleterre. En effet, dans
des conjonctures où ce Prince pouvoit
tirer avantage de sa clémence, pour
gagner l'esprit & l'affection des Irlandois, il sembloit aisé de faire passer la
grace de Mademoiselle Fidert pour une
faveur qu'il accorderoit à la Nation.
Mais en consentant à recevoir ce service de M. le Maréchal, elle avoit éloigné toutes ses propositions d'amour ; &
s'il avoit emporté quelque espérance,
ce n'étoit que celle qu'il avoit toujours
III. Partie.   C

tirée de l'ardeur de sa passion, & de la
constance de ses soins.

A peine eut-il assis son Camp, que
nous le vîmes revenir avec la même ardeur ; & comme il connoissoit trop
bien Madame de Montcal, pour ne pas
craindre de l'offenser, en faisant servir
notre Maison à ses parties d'amour, il
m'en fit quelques mots d'excuse qu'il
me pria de lui faire goûter. J'en pris occasion de lui déclarer que Mademoiselle Fidert me paroissoit peu disposée
à recevoir ses soins, & que je commen-
çois à me persuader par ses protesta-
tions, autant que par le témoignage que
ma femme m'avoit rendu de ses sentimens, qu'elle étoit absolument revenue du penchant qu'elle avoit peut-
être eû pour les intrigues d'amour. Je
lui supposois cette foiblesse pour ne pas
choquer M. de Scomberg, par l'avantage que je me serois attribué sur lui,
si je lui avois donné lieu de croire
qu'elle m'eût accordé par estime & par
goût ce qu'elle s'obstinoit à lui refu-
ser. Mais dans le fond j'avois mille raisons de croire que ses inclinations ne la
portoient point au désordre. Ses premieres erreurs avoient été leur source
dans la chaleur de l'âge, & dans la foi-

bleſſe ordinaire de ſon ſexe. Le com‑
merce où elle étoit entrée avec moi,
n'en avoit pas eu de plus forte que les
embarras de ſa ſituation ; ou ſi la ten‑
dreſſe s'y étoit mêlée, avec toute l'ar‑
deur que je n'ai pas fait difficulté de re‑
préſenter, c'avoit été pour l'annoblir
par des motifs plus relevés que l'intérêt.
De-là venoient toutes les fureurs où
elle s'étoit abandonnée, lorſque me
voyant mal répondre à ſon amour, elle
avoit regreté de m'avoir fait une com‑
poſition trop aiſée de ſon honneur ; &
je dois confeſſer auſſi qu'avant l'heu‑
reuſe certitude de retrouver Madame
de Montcal, j'avois renoncé trop légé‑
rement aux droits qu'une ſi aimable
Maîtreſſe m'avoit donné volontaire‑
ment ſur ſon cœur. Mais déſormais
qu'elle devoit ſe croire aſſurée d'une
vie douce & tranquille, dans la compa‑
gnie de ma Femme, & même dans la
mienne, à laquelle un reſte de ten‑
dreſſe lui faiſoit encore attacher quel‑
que douceur, je comprenois aiſément
que l'âge & l'expérience commençant à
meurir ſon caractére, elle étoit capa‑
ble de ſe renfermer dans une vie ſage,
que les exemples de Madame de Mont‑
cal l'aidoient encore à ſoutenir, & qui

la feroit triompher de toutes les séduc-
ctions de M. le Maréchal.

Loin de se rendre néanmoins à toutes
mes raisons, il me pria d'être sans inquiétude sur le succès de son amour,
& de souffrir seulement qu'il continuât
de venir chez moi avec la familiarité
de l'amitié. Je n'y mis point d'autres
bornes, que le tems où Madame de
Montcal commenceroit à s'en plaindre;
& mon avis fut même de ne pas la prévenir par des prieres qui ne serviroient
qu'à lui faire ouvrir plutôt les yeux sur
des bienséances auxquelles M. le Maréchal devoit souhaiter qu'elle ne fît
point d'attention. Mais il lui fut impossible, comme je l'avois prévû, de revenir pour la troisiéme fois, sans faire
naître des bruits qui furent peut-être
augmentés par l'indiscrétion de mes
Domestiques. La curiosité rendit toute
l'Armée attentive à son intrigue, &
ceux qui l'auroient soupçonné d'aimer
ma Femme, ne pûrent conserver cette
idée, lorsqu'ils eurent appris que nous
avions près de nous une Femme encore
plus jeune, & d'une beauté capable de
tenter leur Général. Tous les Officiers
qui pûrent se dérober du Camp, vinrent successivement à Greenlaster; &

les regards curieux qu'on leur vit jetter
sur ma Maison, ne me permirent pas
de douter du sujet de leur voyage.
J'en avertis Mademoiselle Fidert, qui
redoubla ses précautions. Mais elle a-
voit déja été reconnue à sa fenêtre par
le jeune Ecke, à qui son Pere avoit
procuré depuis quelques semaines une
Compagnie de Dragons; & qui toujours inquiet & audacieux, avoit été
un des plus ardens à vouloir pénétrer
les amours de M. le Maréchal. S'il n'a-
voit osé se faire voir chez moi, il n'a-
voit pas moins compté sur le souvenir
des complaisances que Mademoiselle
Fidert avoit été forcée de lui marquer
à Croydon. Il étoit revenu plusieurs
fois, dans l'espérance de s'attirer ses
regards; & ne la voyant plus paroître,
il prit enfin le parti de lui écrire. Sa
hardiesse paroissoit augmentée par le
changement de sa condition. Il ne craignoit plus d'être traité d'Ecolier, comme il m'étoit arrivé de lui en donner le
nom, en le faisant enlever au Château
de son Pere; & les premieres lignes de
sa Lettre rappelloient à Mademoiselle
Fidert les espérances dont elle lui avoit
promis de se flatter à Croydon.

Je la crus plus obligée que jamais à

garder des ménagemens. Sans écrire à ce téméraire Amant, elle répondit par mon conseil à son Meſſager, qu'elle étoit ſenſible à ſes politeſſes, mais qu'elle le prioit de les ſuſpendre par des raiſons qu'il ne pouvoit ignorer. Cette précaution me parut indiſpenſable, quoique je ne cruſſe pas notre ſecret moins expoſé dans la bouche d'un jeune Homme ſi léger. Je ne ſçais à quoi la priere de ſa Maîtreſſe auroit ſervi, s'il l'eût reçûe plutôt : mais il l'avoit déja trahie, ſans le vouloir, par une démarche qui ne pouvoit être réparée. Le hazard lui ayant fait lier connoiſſance avec le frere de Mademoiſelle Fidert, il avoit cru ſe faire un mérite, non-ſeulement de la connoître, mais de ſçavoir qu'elle étoit en Irlande ; & ne ſe défiant point ſans doute qu'il parlât à ſon plus mortel Ennemi, il lui avoit fait l'aveu de tous les ſentimens qu'il avoit pour elle : Fidert auſſi adroit, que l'autre étoit imprudent, l'avoit engagé à cette ouverture, en feignant à chaque mot qu'il entendoit, de ſçavoir l'arrivée de ſa ſœur, & le lieu de ſa retraite. Il avoit même affeĉté de recommander au jeune Homme un ſilence dont il lui avoit fait ſentir la néceſſité ; mais prenant auſſi-tôt ſes meſures du côté de la juſtice, il avoit mis les Archers de Londondery en mouvement pour faire arrêter ſa malheureuſe ſœur.

Nous étions tranquilles, ou ſans inquiétude preſſante ; & notre ſeule agitation venoit d'un nouveau conſeil que je donnois à Mademoiſelle Fidert, & que ſon attachement pour Madame de Montcal & pour moi, lui faiſoit trouver de la peine à ſuivre. Je l'exhortois à reprendre un habit d'Homme, & à ſe ſéparer de nous pendant quelques jours, ſous la conduite de ce même Valet, dont elle avoit éprouvé ſi longtems la fidélité ; ne dût-elle aller qu'à deux milles, pour faire perdre du moins ſes traces, en attendant qu'on vît quel fond l'on devoit faire ſur la conduite & la diſcrétion du jeune Ecke. Une Brigade d'Archers arrivée à ma porte, me fit preſſentir tout d'un coup ſon malheur. Je n'avois pas aſſez de monde pour eſpérer quelque choſe de la réſiſtance, & dans une Maiſon trop bien fermée, il y avoit encore moins de reſſource dans la fuite. Madame de Montcal, par une généroſité qui ne vint à l'eſprit qu'à elle, ſortit auſſi-tôt

de ma chambre, & feignant la plus vive
allarme à la vûe des Officiers de la Juftice, qui étoient déja fur l'efcalier,
elle affecta fi adroitement d'implorer le
fecours du Ciel dans fon infortune,
qu'ils la prirent d'abord pour celle
qu'ils cherchoient. Son efpérance étoit
qu'en fe laiffant emmener à la place de
fon Amie, elle lui donneroit du moins
le tems de fe mettre à couvert. Mais
un des Gardes fe fouvint que dans la dé-
folation de Fidert, le portrait de fa fœur
étoit celui d'une Blonde ; & Madame
de Montcal avoit les cheveux bruns.
Cette preuve de leur erreur étoit fi
claire, qu'ayant continué de monter,
ils entrerent dans ma chambre, où ils
fe faifirent à mes yeux de notre infortunée Compagne.

La douleur de l'outrage me toucha
plus fenfiblement, que la crainte du
péril ; car je ne pouvois douter que
M. de Scomberg n'employât toute fa
puiffance pour lui rendre bien-tôt la liberté. Il me vint à l'efprit de le faire
avertir. Un de mes Gens que je lui dépêchai auffi-tôt, me rapporta à fon retour que cette nouvelle l'avoit fait pâ-
lir ; & ceux qui ont connu ce caractére ferme & intrépide, jugeront de fa

consternation par ce seul trait. J'appris
aussi, qu'il avoit fait partir sur le champ
un Détachement de Dragons, qui n'a-
voient pas vrai-semblablement d'autre
ordre que d'arracher sa proie à la Justice de Londondery. Mais cette commission fut exécutée avec tant de secret,
que je ne pus sçavoir si elle avoit réus-
si. L'intérêt que j'y devois prendre,
m'ayant fait renvoyer le même Courrier à M. le Maréchal, je n'obtins pas
même de lui l'éclaircissement que je lui
faisois demander. Il fit une réponse
brusque & incertaine, qui me laissa douter long-tems de la situation de Mademoiselle Fidert.

Le jeune Ecke ne put ignorer ce qui
s'étoit passé à Greenlaster ; & la curiosité du Public ayant bien-tôt éclairci le
fond de l'avanture, il apprit avec toute
l'Armée, que c'étoit Fidert même qui
avoit livré sa sœur à la Justice. Quoiqu'on parût fort partagé sur cette action, & que ce frere implacable eût autant de Partisans que de Censeurs. Ecke
se crut offensé de l'abus qu'il avoit fait
de sa confiance, ou plutôt l'amour furieux lui fit prendre ce prétexte pour
venger sa Maîtresse. Emporté comme il
étoit, il ne prit point d'autres mesures,

que de le faire appeller à quelque diftance du Camp, le piftolet à la main.
Fidert ne devint pas moins furieux,
lorfqu'il fçut par quel motif on atta-
quoit fa vie. Il crut avoir tout à la fois
fa fœur à punir, & fon Pere à venger.
Dans la chaleur qui les animoit, ils tire-
rent inutilement leurs quatre coups ;
mais fe fervant auffi-tôt de leurs épées,
fans quitter leurs chevaux, le jeune Ecke
quoique monté avec moins davantage,
enfonça la fienne jufqu'aux gardes dans
le fein de fon Ennemi, & le précipita
du même coup à quatre pas de fon cheval. Cette action lui auroit fait honneur
s'il ne l'eût fouillée auffi-tôt par la der-
niere barbarie. Fidert n'étoit pas mort,
& leurs Valets qu'ils avoient pris l'un
& l'autre, s'empreffoient pour le fe-
courir ; mais Ecke mettant pied à terre,
& les écartant avec la même furie, fe
fit un plaifir cruel d'achever de plufieurs coups le miférable Fidert, qui
n'avoit plus la force de lever le bras
pour fe défendre. Enfuite, craignant
fans doute de reparoître au Camp, il
prit le chemin de Greenlafter, où je
fus furpris de le voir entrer chez moi,
avec des marques encore fanglantes de
l'action qu'il venoit d'exécuter.

Il avoit deux espérances : L'une de me voir applaudir à sa vengeance, & l'autre, qu'étant Ami de son Pere, & favorisé de M. le Maréchal, ma protection le mettroit promtement à couvert. Mais il auroit pû compter sans mon secours sur l'indulgence de M. de Schomberg, qui apprit au contraire avec joie que l'Ennemi de sa Maîtresse étoit hors d'état de lui nuire. Cependant la bienséance l'obligeant de dissimuler ses dispositions, il m'écrivit, sur les premieres sollicitations que je lui fis en faveur du jeune Ecke, qu'il devoit éviter de se faire voir, & lui laisser le tems de donner une couleur favorable à son action. Cette réponse fut d'autant plus agréable au jeune Homme, que le dispensant du devoir militaire, elle lui donnoit la liberté de former d'autres entreprises pour secourir Mademoiselle Fidert. Il n'étoit pas mieux informé que moi de ce qu'elle étoit devenue. Le secret de cet événement paroissoit renfermé entre les Officiers qui avoient commandé le détachement de Dragons, & l'on ne doutoit point que le cachant avec tant de soin, ils n'en eussent reçu des ordres bien pressans de M. le Maréchal. Les Dragons du détachement

C vj

avoient marché fans fçavoir leur commiffion, & n'avoient rien compris à la
conduite de leurs Officiers. Mais fi
quelqu'un devoit être étonné de ce myftére, c'étoient Madame de Montcal &
moi, qui n'avions pû tirer de réponfe
pofitive de M. de Schomberg, quoique
nous l'euffions demandée plufieurs fois
avec les dernieres inftances. Je m'étois
d'abord imaginé que c'étoit le chagrin
de n'avoir pû délivrer Mademoifelle
Fidert, qui lui faifoit garder avec obftination ce noir filence; cependant la
tranquillité où je découvris qu'il étoit
du côté de la Juftice, me fit juger enfin qu'il avoit des raifons de ne pas s'al-
larmer, dont il me faifoit volontairement un myftére; & cette conjecture
diminua beaucoup mes propres craintes.

Non-feulement il avoit intetrompu
les vifites qu'il me rendoit à Greenlafter; mais fur l'avis que le Duc de Tyr-
connel avoit paru du côté de Bilingar-
gi avec un Corps d'Infanterie confidérable, il s'avança vers ce Château, qu'il
étoit réfolu de conferver à toutes fortes de prix. Ecke étoit encore chez
moi, d'où il avoit envoyé un de fes
Gens à Londondery, pour en rapporter des éclairciffemens certains; mais

impatient de la lenteur de son Courrier,
il partit enfin pour aller lui-même aux
informations. J'étois si rassuré pour Mademoiselle Fidert, depuis l'explication
que j'avois donnée à l'air de sécurité &
d'inaction de M. le Maréchal, que je
passai les jours suivans avec peu d'inquiétude. Ecke revint le neuvième jour.
Je le vis plus abbattu qu'il ne l'avoit été
dans la première visite qu'il m'avoit rendue après son combat. Il se hâta de me
raconter les découvertes qu'il devoit à
sa hardiesse. Après avoir appris à Londondery qu'on n'y avoit vû paroître ni
Mademoiselle Fidert, ni les Archers qui
l'avoient arrêtée, il étoit revenu sur ses
pas, en prenant des informations sur la
route, jusqu'au lieu où les Archers
avoient cessé de suivre le chemin de
Greenlafter à Londondery. Là ses lumieres n'avoient pas beaucoup augmenté ; mais ayant appris néanmoins que les
Archers, qui étoient au nombre de douze à la suite d'une Chaise fermée, avoient
changé tout d'un coup de route, forcés,
comme on se l'imaginoit, par une Troupe
de Cavalerie, dont les Officiers s'étoient
détachés pour leur déclarer leurs intentions, il avoit suivi si exactement leurs
traces, que le soir du même jour il avoit

découvert qu'ils étoient à Bilingargis
Ce Château, qui étoit d'une force extraordinaire, avoit été pris par le Brigadier Worsley dès le commencement
de la Campagne ; & M. de Schomberg
l'avoit regardé comme une Place si importante, qu'après en avoir augmenté
les fortifications, il y avoit mis deux Régimens de sa meilleure Infanterie. L'ordre qu'il avoit donné aux Officiers du détachement, avoit été de conduire dans
ce lieu Mademoiselle Fidert. Son doute
n'avoit point été s'ils pourroient l'enlever aux Archers, puisqu'ils étoient en si
petit nombre ; mais il avoit eu deux
craintes: l'une qu'ils ne fussent déja trop
avancés pour être rejoints facilement ;
l'autre qu'en supposant le succès qu'il
désiroit, le bruit de cet enlevement ne
fît un éclat qu'il vouloit éviter. Les Officiers, qui brûloient de se rendre dignes
de sa confiance, l'avoient servi avec autant de conduite que de bonheur, non-
seulement par leur diligence, mais encore par le soin qu'ils avoient eu de dérobber le fond de leur entreprise à leurs
Dragons mêmes. Ils les avoient fait arrêter à quelque distance des Archers, &
s'avançant au nombre de cinq ou six, ils
n'avoient pas eu de peine à se saisir d'une

douzaine de misérables, qui les voyoient
soutenus de cent Dragons. Les ayant
désarmés, ils avoient renvoyé leur Troupe au Camp, & se rendant eux-mêmes
les Gardes des Archers, ils les avoient
conduits avec Mademoiselle Fidert jusqu'à la Forteresse, où ils les avoient livrés au Gouverneur qui étoit un homme
dévoué à M. le Maréchal. Ainsi les Dragons qui avoient servi à la liberté de
Mademoiselle Fidert, ignoroient quel
service ils lui avoient rendu, & n'étoient
pas même certains si c'étoit elle qu'on
conduisoit dans la Chaise.

Ecke, dont le pere commandoit les
Gardes de M. de Schomberg, n'en avoit
pas eu plus de facilité à se faire recevoir
au Château; ou du moins craignant encore les suites de son combat, il avoit
eu la précaution de se déguiser sous les
habits d'un Paysan, à la faveur desquels
il s'étoit introduit. Les Archers, qui y
étoient gardés sans violence, l'avoient
informé du détail de leur enlevement;
mais il n'étoit pas si aisé de parvenir jusqu'à Mademoiselle Fidert. La maison
du Gouverneur, où l'on n'ignoroit pas
qu'elle étoit traitée avec beaucoup de
respect & de soins, formoit comme un
second Fort au milieu du premier; &

l'attention avec laquelle on la gardoit, ne le cédoit guéres à celle qu'on ayoit à la fervir. Ecke avoit furmonté tant d'ob-ftacles. Il l'avoit vûe; & quoiqu'elle n'i-gnorât point qu'elle étoit fauvée des mains de la Juftice, il n'avoit pû fçavoir d'elle à quel fort elle étoit deftinée. Soit que M. de Schomberg ne fe fût point ouvert au Gouverneur, foit que celui-ci cachât fes ordres à fa Prifonniere, elle parut aufli étonnée qu'affligée de s'ê-tre vûe renfermer dans une étroite pri-fon par fes Libérateurs; & toute fon efpérance étant dans mon amitié, elle conjura Ecke de m'informer prompte-ment de fa fituation.

Il ne manqua point de lui faire beau-coup valoir les fervices qu'il lui avoit rendus. Si la mort de fon frere ne fut pas pour elle un fujet de joye, cette nouvel-le fervit du moins à calmer fes frayeurs. Elle commença même de ce jour à pren-dre quelques fentimens de reconnoiffan-ce pour un Amant, à qui l'ardeur de la venger avoit fait rifquer fa vie, & qui l'expofoit encore en cherchant à la voir dans fa prifon. J'ignore quelles efpé-rances elle lui permit de concevoir, fur-tout lorfque reuniffant l'offre qu'il lui faifoit toujours de l'époufer à l'appa-

rence qu'elle commençoit à voir d'obtenir sa grace, elle comprit qu'il ne pouvoit lui arriver rien de plus heureux
après tant d'infortunes, que de se trouver la femme d'un héritier de fort bonne
Maison, qui rétabliroit tout-à-lafois son
honneur & sa fortune. Mais Ecke, à qui
elle avoit laissé la liberté de me communiquer ses intentions, voyoit mieux
qu'elle ce qu'il avoit à redouter de M. de
Schomberg, quoiqu'il se fût bien gardé
de lui communiquer ses craintes. C'étoit
la cause de son abbattement. Il avoit vû
l'Armée s'approcher de Biligargi. Le
Duc de Tirconnel s'étant retiré, il avoit
cru pénétrer que la marche de M. le Maréchal ne se faisoit plus dans une autre
vûe que de s'approcher de sa Maîtresse.
La jalousie lui causoit des mouvemens
de fureur, que j'eus peine à modérer, &
je ne le rendis pas beaucoup plus satisfait, en lui déclarant que pour son mariage le seul conseil que j'eusse à lui donner, étoit de le proposer à son pere.

En effet, si l'amitié me faisoit souhaiter toutes sortes d'avantages à Mademoiselle Fidert : l'honneur m'obligeoit
aussi de ne pas trahir les intérêts du Chevalier Ecke, avec qui j'étois lié plus
étroitement que jamais par mille atten-

tions obligeantes qu'il avoit marquées
pour moi depuis ma blessure. Mademoiselle Fidert n'étoit pas inférieure à son
fils par la naissance ; & si elle parvenoit
à obtenir sa grace, elle se trouvoit aussi
l'héritiere d'un bien considérable, que
son frere lui avoit laissé par sa mort.
Mais cette faveur du Roi me paroissoit
fort incertaine ; & quand elle l'eût été
beaucoup moins, ce n'étoit pas à moi,
qui avois vécu dans un commerce trop
libre avec elle, à la marier si légerement
au fils d'un homme à qui je devois de
la reconnoissance. Cependant le jeune
Amant me conjura avec tant d'instances
de n'en faire aucune ouverture à son
pere, que voyant l'exécution de ses espérances fort éloignée, je ne fis pas difficulté de lui faire cette promesse. Je ne
fus pas plus difficile à lui accorder une
Lettre qu'il me demanda pour M. le Maréchal, dans laquelle il me prioit moins
de solliciter la liberté de Mademoiselle
Fidert, que de faire connoître que je
n'ignorois pas le lieu de sa retraite. Sans
soupçonner M. de Schomberg de penser
à satisfaire sa passion par des voyes in-
dignes de lui, je compris que cet avis,
hazardé sans affectation, pouvoit être
un frein contre les foiblesses de l'amour.

Ecke ne penſoit pas à ſe faire le Por-
teur de ma Lettre ; mais dans le deſſein
où il étoit de retourner promptement à
Biligargi , il ſouhaitoit de la faire remettre à M. de Schomberg , avant qu'il
s'y fût rendu lui-meme , pour lui faire
connoître que le deſſein de ſon voyage
n'étoit pas ignoré , & qu'il avoit des obſervations à redouter.

Il ne s'étoit rien paſſé dans cet inter-
valle de fort conſidérable entre les deux
Partis. Mylord Douglas à la tête de
deux mille Cavaliers avoit enlevé douze
cens Fourrageurs du Comte de Lauſun,
qui ſe reſſentoit vivement de cette perte.
C'étoit pour nous la faire payer , qu'il
avoit fait avancer le Duc de Tirconnel
avec quatre mille hommes d'Infanterie
aux environs de Biligargi , où il ſçavoit
que M. le Maréchal avoit renfermé les
nouvelles munitions qui lui étoient ve-
nues d'Angleterre. Mais le bon état de
cette Place lui ayant ôté l'eſpérance de
l'emporter par eſcalade , il avoit tourné
ſes entrepriſes contre pluſieurs petites
Villes où il appréhendoit moins de réſiſtance , & dont la priſe ne lui pouvoit
apporter d'autre avantage que d'inſpirer
de la terreur aux Partiſans du Roi Guillaume. Il ne manquoit point en effet

d'impofer de groffes contributions à ceux
qui s'étoient diftingués par quelque marque d'inclination pour le nouveau Gou-
vernement; & ce qui fit craindre à tout
le monde que la guerre, qui s'étoit fou-
tenue jufqu'alors dans des termes fort
reglés, ne fe reffentît bien-tôt de la fureur ordinaire des divifions civiles, il fit
punir du dernier fupplice le Maire & les
Magiftrats d'une petite Ville, pour avoir
fait tranfporter à l'Armée Proteftante de
la farine qui avoit été retenue quelques
jours auparavant pour l'Armée Jacobite.
Au refte, ces conquêtes coutoient fi peu
à l'un & à l'autre Parti, que c'étoit prefque toujours au premier qui fe préfen-
toit que les Portes étoient ouvertes, &
que fucceffivement l'Ennemi y étoit reçû avec les mêmes honneurs.

Cependant la ville de Dublin & le
Parlement, qui avoient paru d'abord fi
bien difpofés pour nous, s'étoient ré-
froidis par la négligence qu'on avoit
eue à les défendre contre l'approche du
Roi Jacques & de fes Troupes. Ce Prince étoit entré dans la Ville à la tête d'un
Corps nombreux de Cavalerie. Il avoit
demandé au Parlement un fubfide de
cinquante mille livres fterling par mois,
qui avoit été réduit néanmoins à vingt

mille livres, mais qui le mettoit dans
une liaison que nous n'avions plus avec
la Capitale. On publioit même que pour
réparer ses dernieres inconstances, elle
consentoit à renouveller le serment de fidélité, & que le Parlement avoit promis
une Déclaration, par laquelle le Roi Guillaume & tous ses Partisans seroient livrés
à la haine & à la vengeance publique,
comme Ennemis de la grande Bretagne,
& traîtres à la Patrie. La vérité étoit que
Dublin & le Parlement panchoient toujours à nous favoriser, mais que la multitude de Catholiques qui s'y étoient
rendus de toutes les Parties de l'Irlande, forçoient nos Amis à la dissimula-
tion. Quantité de gens faisoient un reproche à M. le Maréchal d'avoir tardé
si long-tems à s'approcher de cette Ville,
& s'imaginoient qu'il n'y avoit pas d'autre moyen de terminer la guerre, qu'en
mettant le Parlement dans la liberté d'e-
xercer en notre faveur l'autorité qu'il
avoit sur la Nation. Mais les idées de
notre Conseil étoient différentes. Le
Roi avant son départ étoit convenu avec
M. de Schomberg d'engager insensiblement les Ennemis dans une action déci-
sive, dont toutes sortes de raisons sembloient nous promettre le succès. Ils ne

connoiſſoient que cette voye pour empêcher la guerre de traîner en longueur.
Ainſi le deſſein de M. le Maréchal, dans
tous les mouvemens qu'il faiſoit faire à
ſon Armée, n'étoit que de ſaiſir les avantages, pour forcer au combat celle des
Jacobites.

L'amour ne s'occupoit pas moins,
puiſqu'on ne ſçauroit douter que ſon
unique vûe en s'approchant de Bilin-
gargi, n'eût été de rendre quelques vi-
ſites à Mademoiſelle Fidert. Il entra
d'abord dans cette Place, ſous prétexte
de viſiter les ouvrages dont il l'avoit fait
fortifier. Mais il continua d'y aller ſe-
crètement, & ma Lettre que le jeune
Ecke lui avoit envoyée, n'eut pas tout
l'effet que nous nous en étions promis.
Il preſſa Mademoiſelle Fidert, juſqu'à
paroître offenſé de ſon obſtination ; &
dans un mouvement du chagrin auquel il
ne s'étoit jamais abandonné dans d'autres
tems, il lui reprocha des excès de ſageſſe,
auſquels ſa conduite paſſée ne l'obligeoit
pas. L'indifférence de Mademoiſelle Fidert ſe changea alors dans un reſſentiment fort vif, qui alla juſqu'à lui faire
répondre qu'elle ne devoit que de la
haine à ſon Tiran ; & que dans la ſituation où il la réduiſoit, elle mettoit peu

de différence entre lui, qui l'y retenoit
malgré elle, & la Justice de Londondery
à qui il l'avoit arrachée. Ici l'amour ra-
mena M. le Maréchal au respect & à la
crainte. Il protesta que dans la contrainte où il la retenoit, son unique intention
étoit de la dérobber à la poursuite de
ses ennemis ; que d'ailleurs elle ne devoit
pas se croire prisonniere dans un lieu
où elle étoit la maîtresse absolue ; qu'elle
pouvoit y exercer tous les droits de l'autorité souveraine, & s'y faire une vie
pleine de charmes ; qu'elle y étoit à la
vérité sans compagnie, mais qu'il étoit
prêt, si elle en marquoit quelqué désir,
à prier Madame de Montcal & moi de
nous y faire transporter ; que cette pensée lui étoit venue plusieurs fois, & qu'il
me croyoit assez bien de mes blessures
pour supporter ce changement. Mademoiselle Fidert le prit au mot. Il ne balança point à lui renouveller sa promesse ; & dans quelque vûe qu'il lui eût fait
cette proposition, il l'exécuta dès le
même jour.

Ma surprise fut extrême de recevoir
un Courrier de M. le Maréchal, par lequel il m'invitoit à me faire conduire au
Château de Biligargi, où j'aurois, avec
plus de repos & de sureté que dans une

Bourgade ouverte, le plaiſir de rejoindre Mademoiſelle Fidert. Je regardai ce
ſoin comme un effet de ma Lettre. Madame de Montcal qui me crut en état
de ſouffrir le mouvement du voyage,
fut la premiere à me ſolliciter de rendre
ce ſervice à notre Amie : car la peinture
qu'Ecke nous avoit faite de ſa priſon,
avoit excité notre compaſſion pour ſon
ſort. Cependant nous en jugeâmes au-
trement par nos yeux. Excepté l'ennui
de la ſolitude, qui avoit pû paroître
d'autant plus inſupportable à ceux d'un
Amant, qu'il ne lui étoit pas permis de
la partager, il ne manquoit rien à la
maiſon du Gouverneur pour en faire une
demeure agréable. Elle le devint pour
Mademoiſelle Fidert, lorſqu'elle nous y
vit arriver. M. le Maréchal, qui étoit
toujours campé à peu de diſtance, y vint
ſouper avec nous dès le premier jour.
Ses plaintes ne purent ſe modérer dans
ma préſence. Il prit le moment où Madame de Montcal étoit éloignée, pour
me demander devant ſa Maîtreſſe par
quel heureux art j'étois parvenu autre-
fois à l'attendrir ; & il parla long-tems
de ſa paſſion en Amant déſeſperé, qui
regarde les rigueurs de ſa Maîtreſſe comme un obſtacle au bonheur de ſa vie. Des
expreſſions

expreſſions ſi vives ne me permettoient
point de douter de ſa bonne foi ; mais en
me rappellant avec quelle facilité il avoit
changé deux fois d'inclination, j'avois peine à comprendre que des impreſſions dont
il avoit déja triomphé, puſſent lui cauſer
un trouble ſi preſſant. Je n'ai appris que
depuis ſa mort la ſource de cette ardeur.
M. de Schomberg n'étoit pas d'un caractere ſi tendre, qu'il ne pût réſiſter au
pouvoir de l'amour ; mais la ſuperſtition
avoit beaucoup de part à ſa tendreſſe. Il
avoit fait tirer ſon Horoſcope à Liſbone
par un Juif Portugais. On lui avoit pré-
dit qu'il ſeroit heureux dans les armes
auſſi long-tems qu'il ſeroit favoriſé de
l'amour. Cette idée avoit ſervi à l'attacher au commerce des femmes, comme
à la regle de ſes proſpérités. Il y avoit
eſſuyé diverſes fortunes juſqu'à l'origine
de ſa paſſion pour Madame de Montcal,
& la réſiſtance qu'il y avoit trouvée dans
le tems où il avoit les armes à la main,
lui avoit paru de ſi mauvais augure, qu'il
s'étoit moins affligé que réjoui de la voir
paſſer en France ; parce qu'il s'étoit cru
ſauvé de la prédiction par l'incertitude
du dénouement. Il s'étoit attaché auſſi-
tôt à Mademoiſelle Fidert, avec d'autant plus de confiance que n'ayant point

III. Partie.   D

une vertu rigoureuse à combattre, il croyoit cette conquête peu douteuse. Quel avoit été son étonnement de se voir rebuté ! Les charmes de Mademoiselle Fidert faisant autant de progrès dans son cœur que la superstition en avoit fait dans son esprit, il s'étoit obstiné à remporter une victoire dont il faisoit dépendre presque également & la satisfaction de son cœur & le succès de ses armes.

Je répondis encore à ses plaintes qu'un homme tel que lui avoit tant de dédommagemens du côté de la fortune & de la gloire, que les maux qu'il recevroit de l'amour, ne pouvoient jamais exciter beaucoup de compassion. Mais ce badinage lui déplut ; & se tournant vers Mademoiselle Fidert, il me fit connoître en se dispensant de me répondre, qu'il trouvoit la plaisanterie hors de saison. Cependant le jeune Ecke, qui étoit plus proche de nous que je ne pouvois me l'imaginer, tenoit compte à sa Maîtresse de la dureté qu'elle marquoit pour son Général ; & ce témoignage dissipoit de noirs soupçons, qui étoient les seuls obstacles qu'il crut avoir à redouter. A peine M. de Schomberg fut-il retourné au Camp qu'il se fit voir à nos yeux, en nous priant pour seule précaution de ne

pas faire connoître au Gouverneur qu'il
fût différent de ce qu'il le croyoit sur
les apparences. Après avoir passé quelques jours dans la Place sous les habits
d'un Paysan, il s'étoit loué pour servir
au jardin du Gouverneur; & sous prétexte de parer l'appartement de fleurs,
il s'étoit mis à portée d'entendre tout
notre entretien. Madame de Montcal
étoit présente. Il la conjura de prendre
ses intérêts auprès de Mademoiselle Fidert & de moi: & dans la joye de ce
qu'il venoit d'entendre, il ne se propo-
soit pas moins que de conclure son mariage au Château. A l'objection qui regardoit son pere, il fit une réponse qu'il
avoit méditée depuis son départ de
Greenlaster. La meilleure partie de son
bien lui venoit de sa mere; & pour se
renfermer d'ailleurs dans le respect qu'il
devoit au Chevalier Ecke, autant que
pour attendre la grace de Mademoiselle
Fidert, il étoit d'avis de tenir son mariage caché. Cette proposition me parut
si puérile que je le priai de ne pas me
mêler plus long-tems dans ses desseins.
Quelque désir, lui dis-je, que j'aye de
voir réussir tout ce qui peut tourner à
l'avantage de Mademoiselle Fidert, je
me garderai bien de trahir tout-à-la-fois

D ij

& M. le Maréchal & votre Pere, qui font mes deux meilleurs amis. Je lui promis néanmoins de garder le silence sur son déguisement ; mais j'ajoutai que s'il avoit quelque déférence pour mes conseils, il iroit ménager le consentement de son Pere, qui feroit peut-être moins de difficulté de l'accorder depuis que sa Maîtresse étoit l'héritiere d'une grosse fortune, & lorsqu'elle auroit obtenu sa grace : car il falloit compter pour rien la mort de Fidert arrivée par sa main, dans un pays où les mariages servent entre les particuliers comme entre les Rois à la réconciliation des familles après ces grands malheurs.

Madame de Montcal fut d'un autre sentiment que le mien. Mais sentant fort bien à quoi l'honneur m'obligeoit, elle me cacha ses idées pour les exécuter sans ma participation. Tout ce qu'elle pouvoit devoir à mes avis n'approchoit point dans son opinion de ce que sa propre amitié l'obligeoit d'entreprendre pour une jeune personne à qui nous étions comme engagés de tenir lieu de pere & de mere, & pour qui nous en avions pris toute l'affection. Notre dessein avoit été de contribuer à son établissement. Pouvions-nous en attendre une plus belle

occafion ; & pourquoi l'intérêt du Chevalier Ecke l'auroit-il emporté dans fon
cœur fur celui de Mademoifelle Fidert ?
Elle fe détermina par ces raifons à favorifer les deux Amans, fur-tout lorfqu'elle eut appris de la jeune Irlandoife
qu'elle fe fentoit touchée de la conftance
& de l'ardeur du jeune Ecke.

Pour lui, qui étoit revenu à Bilingar-
gi avec ce deffein, & qui l'avoit même
fait goûter dès la premiere fois à fa Maîtreffe, comme le feul moyen de la délivrer des perfécutions de M. le Maréchal,
il avoit employé les premiers momens
de fon retour à gagner le Miniftre du
Château ; & la promeffe d'une groffe
fomme lui avoit fait obtenir tout ce qu'il
avoit défiré. Madame de Montcal entrant avec joye dans cette intrigue, ne
fe crut point obligée par l'honneur à
d'autres précautions qu'à s'affurer que
j'employerois tout le crédit de mes amis
pour obtenir la grace, d'où fembloit dépendre la reftitution des biens de Mademoifelle Fidert. Elle me fit répéter plufieurs fois cette promeffe, avec des inftances qui me parurent affectées : car
elle ne pouvoit ignorer quels étoient là-
deffus mes défirs. Cependant comme
rien n'étoit fi éloigné de mes idées que

l'entreprise qui se formoit presque à mes
yeux, le mariage fut conclu, sans que
les mouvemens que j'avois vûs autour
de moi m'en eussent fait naître la moindre défiance.

Cependant aussi-tôt que la cérémonie
fut achevée ; Madame de Montcal se
hâta de m'apprendre ce qui venoit de se
passer devant elle, & la part qu'elle y
avoit eue. Elle prévint mes reproches
en m'expliquant ses motifs, & la persua-
sion où elle étoit qu'il n'y avoit que M.
de Schomberg & le Chevalier Ecke qui
pussent la condamner ; deux personnes
avec lesquelles il lui paroissoit suffire
qu'elle eût respecté mes liaisons, mais
dont le chagrin ou la censure n'avoient
pas dû l'empêcher de rendre service à
son amie. Je me rendis à des excuses que
j'aurois combattues inutilement. Ecke
& sa femme y joignirent leurs instances.
Je ne leur recommandai que la discré-
tion & les ménagemens qu'ils se devoient
à eux-mêmes ; & je conseillai encore au
jeune homme de sortir du Château, pour
ne s'exposer à rien qui fût capable de le
trahir. Mais tout étoit transport dans ces
premiers momens. Les empressemens,
les soins, les complaisances furent pendant quelques jours dans le jeune Ecke

autant de paſſions violentes auſquelles il
fallut laiſſer leur cours. Sa femme étoit
heureuſe, ſi ces ſentimens s'étoient ſou-
tenus avec conſtance. Nous favoriſâmes,
autant qu'il nous fut poſſible, leurs fa-
miliarités & leurs entrevûes. Mais le
Gouverneur averti qu'on avoit vû pluſieurs fois ſon Jardinier ſe gliſſer la nuit
dans la chambre de Mademoiſelle Fidert,
le ſurprit avec elle au milieu de leurs
plaiſirs. L'intérêt que M. le Maréchal
prenoit à cette jeune perſonne, lui fit
garder des ménagemens. Il attendit le
jour ſuivant pour faire arrêter Ecke, &
ſans s'expliquer à nous ſur les raiſons de
cette conduite, il ne manqua point d'en
informer promptement M. de Schomberg.

L'Armée s'étoit éloignée de Biligargi
deux jours auparavant ; & le Roi ſe diſpoſant à repaſſer la mer, M. le Maréchal renouvelloit tous ſes efforts pour ſe
ménager l'occaſion d'une Bataille déci-
ſive à ſon arrivée. Avec quelque amertume qu'il eût reçû l'avis du Gouverneur, la néceſſité de ſes occupations &
la bienſéance des conjonctures ne lui
permirent point de ſuivre le mouvement
qui l'auroit conduit lui-même à Biligargi. Il jetta les yeux ſur le Capitaine

D iiij

de ſes Gardes, dont il eſtimoit beaucoup
la fidélité & la prudence. C'étoit, comme on n'a pû l'oublier, le Chevalier
Ecke, pere du jeune Amant. L'ordre
qu'il reçut de M. de Schomberg fut non-
ſeulement d'approfondir une avanture
dont les apparences étoient ſi affreuſes,
mais de punir le téméraire qui avoit oſé
ſouiller la maiſon du Gouverneur par le
plus hardi de tous les crimes : car ſur
quelques termes obſcurs de la Lettre, ou
plutôt par le penchant de l'amour à ſe
flatter, M. le Maréchal ſe figuroit que
c'étoit une violence que ſa Maîtreſſe
avoit eſſuyée de quelque domeſtique ef-
fronté. Le Chevalier me glaça le ſang
par ſon arrivée. Mes bleſſures me rete-
noient encore au lit. Il crut devoir à la
politeſſe de ſe faire conduire chez moi
avant que d'exécuter ſa commiſſion. L'é-
tat où j'étois ſervit à lui déguiſer mon
trouble. Mais après m'avoir preſſenti ſur
le ſujet qui l'avoit amené, il me ſoula-
gea beaucoup en évitant d'y revenir. Je
feignis ſi naturellement de ne pas l'entendre, qu'il crut en effet que je n'étois
informé de rien.

Si je l'étois de quelque choſe, ce n'é-
toit que du mariage & de l'empriſonne-
ment de ſon fils : car j'ignorois abſolu-

ment ce qui avoit pû porter le Gouverneur à cette violence. Mademoiselle Fidert aussi peu instruite que moi, n'avoit
osé faire éclater ses allarmes ; & j'étois
convenu avec elle de laisser passer quelques jours, après lesquels je devois m'a-
dresser sans affectation au Gouverneur,
pour sçavoir de lui-même le crime de
son Jardinier, & pour solliciter sa grace.
Il ne me vint point à l'esprit que le voyage du Chevalier Ecke pût avoir le moindre rapport à nous, ou si je lui croyois
quelque autre commission que celle d'apporter les ordres de M. le Maréchal au
Gouverneur, c'étoit peut-être de remettre à Mademoiselle Fidert quelque Lettre
ou quelque autre témoignage d'amour.
Ainsi lorsqu'il m'avoit demandé ce qui
se passoit au Château, je m'étois cru
d'autant mieux fondé à feindre de l'ignorance, qu'il ne me paroissoit pas vrai-
semblable qu'on l'entretînt d'un évene-
ment aussi léger que les fautes & la punition d'un Jardinier.

Il se fit expliquer par le Gouverneur
toutes les circonstances de l'avanture.
Ne pouvant douter après ce récit que
la foiblesse de Mademoiselle Fidert n'eût
été volontaire, il crut pouvoir inter-
préter les ordres de M. le Maréchal,

D v

qui lui en avoit parlé comme d'une violence ; c'est-à-dire , que toute la faute
tombant en apparence fur Mademoifelle Fidert, il jugea que la feule van-
geance qui fût digne de M. de Schomberg étoit le mépris. Dans cette préven-
tion, il fut fur le point de retourner au
Camp fans avoir vû le prétendû Jardinier, dont il lui paroiffoit inutile de tirer d'autres lumières. Cependant le feul
défir de fe faire un mérite de fon exacti-
tude, lui fit changer de penfée. Il fe le fit
amener. Le déguifement de fon fils ne
l'ayant point empêché de le reconnôitre,
il crut pénétrer tout d'un coup le nœud
de l'avanture , & que ce jeune homme
dont il fe rappelloit l'ancienne inclination pour Mademoifellle Fidert , avoit
réuffi plus heureufement que M. le Maréchal dans une intrigue, où il n'entroit
apparemment que de la galanterie. Tout
l'attachement qu'il avoit pour M. de
Schomberg n'auroit pû lui faire prendre
férieufement cette cataftrophe , s'il ne
s'étoit fouvenu que dans l'embarras où
fon fils étoit encore pour les fuites d'un
combat qui n'étoit point pardonné, il a-
voit des ménagemens extrêmes à garder avec M. le Maréchal de qui ce pardon dépendoit. Dans l'inquiétude qu'il

en eut, il réſolut de laiſſer le Gouverneur dans l'erreur où il étoit, & de faire ſon rapport à M. le Maréchal ſuivant
ſes premiéres idées. Mais en interrogeant
ſon fils ſur les circonſtances de ſa bonne
fortune, il mêla dans ſes queſtions
quantité d'éclairciſſemens que celui-ci
n'avoit jamais eus ſur les galanteries de
Mademoiſelle Fidert. Il lui parla de mon
commerce avec elle, qu'il avoit toujours ignoré; enfin, ſans marquer aucun
deſſein de diminuer l'opinion qu'il avoit
de ſon bonheur, il lui apprit ce qu'il y
avoit de plus propre à l'empoiſonner.
Peut-être ne penſoit-il qu'à le guérir
d'un attachement qu'il croyoit perni-
cieux à ſa fortune par la concurrence
de M. le Maréchal; mais le coup porta
plus loin. Le jeune Ecke, dans l'étonne-
ement de ce qu'il venoit d'entendre, re-
çût avec une ſoumiſſion aveugle tous les
conſeils que ſon pere lui donna pour ſa
ſûreté, & ſans lui avoir fait la moindre
ouverture, il alla ſe livrer dans ſon cachot à toute la violence de ſes réflexions.
Le Gouverneur qui avoit reçû ordre
de M. le Maréchal de laiſſer au Chevalier Ecke une autorité abſolue ſur ſon
Jardinier, vit avec ſurpriſe non-ſeulement qu'il ne recevoit aucune punition,
D vj.

mais qu'il étoit traité avec douceur. Si
le Chevalier n'avoit ofé lui rendre fur
le champ la liberté , il s'étoit promis
qu'en donnant au récit de fa commiffion
le tour qu'il avoit médité, M. de Schomberg fe borneroit au mépris pour un rival qu'il croiroit indigne de fon reffentiment ; & dans cette efpérance , il fe
contenta de recommander au Gouverneur de le mettre hors du Château
fur le premier avis qu'il lui donneroit
après fon retour au Camp. Cette idée
lui réuffit. Mais à peine fut-il éloigné,
que fon fils fit conjurer Madame de Montcal de demander pour lui au Gouverneur la liberté de la voir. La curiofité
feule nous l'auroit fait défirer ; & je ne
doutai point que cette permiffion ne fût
accordée à ma femme, fans autre foupçon que celui de la confiance que le
prifonnier pouvoit avoir dans fa protection. Elle obtint qu'il lui fût amené.
Ecke ne lui raconta ce qui s'étoit paffé
entre fon pere & lui , que pour en venir au fujet de fes agitations. Sans ofer
fe plaindre de moi , qui n'avois point eu
de part à fon mariage , ni de Madame
de Montcal , qui ne s'y étoit prêtée que
fur fes inftances , il accufa le Ciel de rigueur , & Mademoifelle Fidert de la

plus noire perfidie. Ma femme qui crut comprendre le sens de ce langage, lui répondit que rien n'étoit si injuste que le reproche qu'il faisoit à la sienne, puisqu'elle n'avoit point cherché à le tromper, & que les avantures de sa vie avoient été si publiques qu'elle n'avoit pas dû penser qu'elles lui fussent inconnûes. Mais elle s'apperçût bientôt par les plaintes insensées qui lui échapperent dans sa fureur, que c'étoient moins les intrigues passées qui révoltoient son imagination, que ses craintes pour le présent. Il avoit trouvé Mademoiselle Fidert dans ma famille. Il m'avoit vû de la froideur pour ses propositions de mariage. Madame de Montcal au contraire s'étoit agitée avec ardeur pour les faire exécuter. La jalousie avoit pris tout d'un coup un ascendant terrible sur l'imagination d'Ecke, avec toutes les noires impressions dont elle étoit capable dans un caractére tel que le sien. Leger, impétueux, défiant, sans modération & sans droiture, de quelles idées ne s'étoit-il pas déja rempli dans sa prison? Il ne put se contraindre assez long-tems pour garder les apparences de ménagement avec lesquels il s'étoit d'abord ouvert à Madame de Montcal. Il la conju-

ra de veiller fur ma conduite, & fur
celle de fa femme. A peine écouta-t-il
les preuves qu'elle lui donna de fa ten-
dreffe, & de la fidélité que j'avois pour
elle-même. Il la plaignit d'un excès de
crédulité & de bonne foi. Enfin regar-
dant fa prifon comme un fupplice, par
l'affreufe néceffité où il etoit de dévo-
rer tous fes foupçons, il n'y rentra que
le défefpoir dans le cœur, & prefqu'of-
fenfé contre Madame de Montcal qui
avoit paru fi peu difpofée à flater fes
caprices.

Je n'y fus fenfible que pour l'intérêt
de Mademoifelle Fidert, à qui de fi trif-
tes commencemens ne m'annonçoient
pas un fort fort heureux pour l'avenir.
D'un autre côté ayant compris par le recit qu'il avoit fait de la vifite de fon pere
que nous n'avions rien à craindre du
reffentiment de M. le Maréchal, & que
le repos de Mademoifelle Fidert n'en
feroit que plus à couvert de fes perfécutions. J'exhortai Madame de Montcal à ne pas fe laffer des efforts qu'elle
avoit commencés, pour rendre l'efprit
d'Ecke plus tranquille. Elle auroit continué de le voir ; mais dès le lendemain,
fur une lettre de fon pere, fignée de
M. de Schomberg, le Gouverneur le

fit conduire hors du Château, où il fit des inftances inutiles pour obtenir la permiffion d'y rentrer. Par le même ordre, Mademoifelle Fidert recevoit la liberté de fe retirer où elle jugeroit à propos. Elle fut affligée de ne devoir cette faveur qu'à la mauvaife opinion que M. de Schomberg avoit de fa conduite, & je jugeai moi-même qu'il devoit être paffé à d'étranges fentimens pour renoncer avec cette fermeté à toutes fes efpérances ; mais je la confolai par l'avantage préfent qu'elle en tiroit, & je lui fis envifager un tems où fon honneur feroit réparé avec éclat. Comme nous lui avions caché les difpofitions de fon mari, elle étoit portée à fortir du château pour le fuivre. Mais de concert avec Madame de Montcal, je lui repréfentai qu'en attendant du moins que nous euffions de fes nouvelles, mille raifons devoient la faire demeurer avec nous.

Il ne me reftoit plus de ma bleffure que la foibleffe où je devois être après un régime qui avoit duré plus d'un mois. Je brûlois de me retrouver affez de force pour me rendre au Camp, fur-tout lorfque j'eus appris que le Roi y étoit arrivé, & que l'on s'attendoit de jour

88

en jour à joindre l'ennemi de si près qu'il
ne pût éviter le combat ; Car malgré
toute l'affectation des Jacobites à pu-
blier qu'ils nous cherchoient, on voyoit
clairement que leur intérêt étoit de tem-
poriser, pour grossir leurs troupes par les
levées qu'ils faisoient continuellement,
& pour fortifier les places qui étoient
encore fermes dans leur parti. D'ailleurs
quoique M. de Schomberg ne m'eût pas
communiqué ses chagrins amoureux, je
n'avois pas moins d'empressement de l'en
entretenir. Le tendre attachement que
j'avois pour lui m'avoit fait penser à lui
découvrir que Mademoiselle Fidert é-
toit mariée, du moins si je m'apperce-
vois que ce remède fût nécessaire à son
repos. La victoire coûte moins aux honnêtes gens sur les plus fortes passions,
quand c'est à l'honneur & à la vertu qu'ils
croyent faire ce sacrifice ; & son crédit
nous étoit si nécessaire pour rétablir Mademoiselle Fidert dans ses prétentions,
qu'il me paroissoit important de ne pas
lui laisser perdre avec l'estime & l'amour
le penchant qu'il avoit à la servir.

Ainsi l'intérêt d'autrui me porta autant que mes propres désirs à négliger le
conseil de mes Chirurgiens, qui m'as-
sujettissoient encore à quelques semaines

de repos. Mon embarras n'étoit que fur le lieu où je devois conduire ma femme & fon amie ; car Mademoifelle Fidert, à qui le plaifir de voir enfin fa fortune fixée par le mariage, tenoit lieu d'amour pour le jeune Ecke, fouhaitoit impatiemment de le rejoindre, & craignoit même qu'il n'interprétât mal la lenteur qu'elle avoit eue à le fuivre. Il falloit le guérir auffi des folles imaginations qui troubloient fon repos, & ce n'étoit pas en retenant fa femme dans une place dont l'entrée étoit déformais inacceffible pour lui, que nous pouvions efpérer de le ramener à la raifon. Mais je fus délivré de cette inquiétude par une lettre d'Ecke, qui me conjuroit de faire partir fa femme fous la conduite du Meffager qu'il m'envoyoit, & qui me marquoit que fon deffein étoit de fe retirer avec elle dans la Terre de fon pere. Il s'étoit préfenté fecretement à M. le Maréchal, qui lui avoit confeillé de fe tenir éloigné pendant le refte de la Campagne, en lui promettant de le rétablir l'année fuivante ; & prévoyant fans doute que fon pere ne retourneroit pas fi-tôt dans fes terres, il fe propofoit d'y paffer quelque tems avec fa femme, fous quelque titre qu'il voulût l'y

faire recevoir. Tout étoit si mesuré dans
sa lettre, que ne voyant que de l'avantage dans cette proposition pour Mademoiselle Fidert, par l'occasion qu'elle
alloit avoir de justifier aux yeux de son
mari sa conduite & ses sentimens, que
Madame de Montcal ne fit pas plus de
difficulté que moi de consentir à son départ. Elle lui donna les conseils d'une
amie sage & éclairée, qui vouloit lui faire établir son bonheur sur la vertu. Nous
ne doutâmes point qu'après avoir mérité la confiance de son mari, par des marques constantes de tendresse & d'attachement, elle n'obtînt de lui la permission de nous voir, & que notre amitié
ne fût cultivée dans la suite avec plus
de liberté & d'agrément. Elle partit: Madame de Montcal, qui avoit pris pour
elle une vive affection, ne put la voir
sortir du château sans s'attendrir jusqu'aux larmes; & soit que ce fût le sim-
ple pressentiment de l'amitié, soit que
le souvenir des noires agitations d'Ecke
lui laissât toujours quelque défiance,
elle ne me parut pas tranquille sur les
suites d'un voyage dont elle n'avoit pu
s'empêcher néanmoins de reconnoître la
nécessité.

Je ne vis plus d'inconvénient à la

laiffer elle - même au Château de Biligargi, où la politeffe du Gouverneur
me répondoit autant que les ordres de
M. le Maréchal, qu'elle feroit toujours
traitée avec beaucoup de diftinction.
L'Armée étoit campée à Crezel, qui
n'en étoit qu'à vingt-quatre milles. Je
m'y rendis en deux jours; & je reçus,
en arrivant, des reproches obligeans de
M. le Maréchal & de tous mes Amis,
qui m'accuferent de manquer de ménagemens pour ma fanté. Le Roi, qui
étoit au Camp depuis quelques jours,
me traita avec la même bonté. Il voulut voir la cicatrice de ma bleffure,
dont on lui avoit parlé, comme d'un
coup extraordinaire; & tournant fes fé-
licitations avec beaucoup d'agrément,
il me dit qu'il défioit toutes les Armes
de fes Ennemis de m'ôter le cœur & la
tête. Il ne fut point queftion pour moi
de reprendre fi-tôt mes fonctions; car
la feule fatigue d'un voyage que j'avois
fait avec affez de lenteur, me força de
reconnoître que j'avois trop préfumé
de mes forces. Mais j'étois fatisfait de
me retrouver au Théatre de l'honneur,
& je ne me ferois jamais confolé, lorfque le Roi venoit prendre lui-même la
conduite de fon Armée, qu'on en fût

venu à quelque action dont je n'eusse
pas essuyé le péril.

Le Chevalier Ecke ne manqua point
de me raconter ce qu'il ne regardoit
plus comme un secret, depuis que M. le
Maréchal avoit pris le parti de rendre
la liberté à Mademoiselle Fidert. Il é-
toit toujours persuadé que son fils n'a-
voit pas d'autre lien avec elle que celui de la galanterie ; & lorsqu'il eut appris qu'elle avoit quitté Madame de
Montcal, il ne douta point que ce ne fût
pour le rejoindre. Mais en me faisant
le récit des premieres agitations de
M. de Schomberg, il me parut craindre que s'il découvroit quelque jour
par qui il avoit été supplanté, son ressentiment ne fût assez vif pour lui en
faire tirer quelque vengeance. C'étoit
pour me demander mon conseil, &
pour s'appuyer de mes services, qu'il
me faisoit cette ouverture. Je n'avois
point encore eu d'audience particuliere
de M. le Maréchal ; mais dans l'espérance où j'étois de lui faire goûter le
mariage de Mademoiselle Fidert, je
rassurai le Chevalier par des promesses
dont je me gardai bien de lui expliquer
le sens. L'occasion de les exécuter s'offrit dès le même jour. M. de Schom-

berg me fit appeller. Je remarquai ai-
fément qu'il s'étoit fait violence pour
différer fi long-tems à m'entretenir feul.
Enfin, me dit-il avec un profond fou-
pir, je-puis trouver un moment pour
voir mon Ami, & pour lui parler à
cœur ouvert. Connois - tu mes chagrins, cher Montcal, & fçais-tu que
cette Fidert pour qui j'ai eu tant d'a-
mour, m'a préféré un miférable Jardinier? Le voyant fi touché, je ne pus
lui faire attendre long-tems la confolation que je croyois lui apporter. Non,
lui dis-je, l'amour ne vous a pas fait
cet outrage. Mais il vous enléve effectivement Mademoifelle Fidert, par un
mariage auquel votre générofité vous
auroit fait confentir, fi vous aviez fçu
toute l'utilité qu'elle en doit recueillir.
Le Gouverneur de Biligarchi s'eft trompé. Faites plus de fond fur mon témoignage que fur le fien. Son Jardinier eft
un Homme de condition qu'il n'a pas
reconnu dans ce déguifement. Mademoifelle Fidert, ajoutai-je, eft mariée
fort heureufement; & loin d'avoir perdu la reconnoiffance qu'elle doit à vos
foins, elle fe flatte que vous lui don-
nerez fujet de l'augmenter par de nouveaux bienfaits.

Je m'étois bien promis de confoler M. de Schomberg, mais je ne me figurois point que cette nouvelle dût le combler de joie. Il parut auſſi ſatisfait que ſi je l'euſſe établi dans la tranquille poſſeſſion de ſes amours. Je n'avois point les lumieres qui auroient pû me faire expliquer ce changement. Il trouvoit dans le mariage de Mademoiſelle Fidert une ſolution à toutes les difficultés de ſon Horoſcope. Cependant il ſe crut en droit de me reprocher l'ignorance où je l'avois laiſſé de cet événement ; mais j'avois une réponſe ſincére dans le ſerment que je lui fis de l'avoir ignoré moi - même. Toutes ſes peines étant diſſipées par cet entretien, il en ſortit ſi content, qu'il ne penſa pas même à me demander le nom de ſon Rival, & qu'il me promit pour Mademoiſelle Fidert, tous les ſervices qu'elle le jugeroit propre à lui rendre. Je le fis ſouvenir du beſoin qu'elle avoit d'une protection puiſſante auprès du Roi, pour obtenir l'abolition qu'elle ſouhaitoit depuis ſi long-tems. Il me promit de ne rien négliger ; & quand on connoiſſoit ſon caractére, on devoit ſe repoſer ſur ſes promeſſes.

La joie que j'en reſſentis, fut ſi par-

faite, que je dépêchai tout à la fois deux
Couriers, l'un à Biligargi, & l'autre
au Château de .... où je suppofois
Mademoiselle Fidert déja bien établie.
A l'égard du Chevalier Ecke, je pris
encore fur moi le foin de lui déclarer
le mariage de fon fils; mais je crus le
devoir remettre après l'exécution des
promeffes de M. de Schomberg. Tant
d'événemens, qui avoient flatté les de-
firs de mon cœur, contribuerent beaucoup plus au rétabliffement de mes forces, que toutes les précautions qu'on
m'obligeoit de garder. Je me vis bien-
tôt en état de monter à cheval, & de
fuivre M. de Schomberg, qui étoit in-
fatigable dans fes mouvemens. Il avoit
repris le Camp de Belfaft, où le Roi
étoit arrivé le 24. de Juin; & comme
fi la fortune eût pris plaifir à feconder
toutes fes vûes, l'Ennemi fe trouvoit
campé dans la Plaine d'Andalke, où
nous pouvions nous rendre en deux
jours de marche par le plus beau chemin du monde. Le bruit que nous avions
pris foin de répandre, que notre deffein étoit d'aller droit à Dublin, retenoit le Comte de Lauzun dans ce Pofte, par la facilité qu'il fe promettoit à
nous couper le chemin près de Fefte-

ruc, ou à fondre du moins fur notre
arriere-garde. Nous fimes avancer de
ce côté-là quelques Coureurs, qui fer-
virent à confirmer la fauffe opinion
qu'il s'étoit formée de notre marche;
& la prenant au contraire vers Andalke, nous fimes dès le premier jour
les deux tiers du chemin. Quoique
nous ne fuffions plus qu'à huit milles de
l'Ennemi, nous en étions féparés par
deux Rivieres, dont la premiere moins
large que profonde, ne pouvoit être
paffée nulle part à gué. Les Ponts é-
toient éloignés; & c'étoit peut-être
dans cette confiance que l'Ennemi né-
gligeoit d'envoyer de ce côté-là aux
obfervations. Il nous fallut quelques
jours pour conftruire des Ponts, avec
d'autant plus de difficulté, qu'il ne fe
trouvoit point de bois à plus de deux
milles à la ronde. Le Comte de Solms,
qui étoit venu à la fuite du Roi, nous
donna la méthode d'une conftruction
prompte & facile qui abrégea beaucoup
le travail. La Cavalerie commençoit à
paffer, lorfque je vis arriver le Courrier que j'avois dépêché à Mademoifelle Fidert. Il avoit fait une prodigieu-
fe diligence; mais la raifon n'en pouvoit être plus preffante. Il m'apportoit
non-

non - feulement le récit d'une fuite de
misérables avantures dont il avoit été
témoin , mais encore des inftances touchantes de la part de Mademoifelle Fidert , pour me faire employer l'autorité du Roi , à la délivrer d'une cruelle
tyrannie. C'étoit ce même Valet qui
avoit été long-tems près d'elle , & qui
avoit commencé à la fervir au Château
de .... Elle l'avoit reçu avec la joie
qu'on a de fe voir un Domeftique fi-
déle ; & fans doute que celle d'apprendre de mes nouvelles, & de me voir confirmer mes promeffes par de fi prompts
effets , avoit beaucoup augmenté fa fatisfaction. Je n'avois recommandé aucune mefure à mon Valet , parce que je
ne l'avois chargé de rien dont je n'euffe
fuppofé que les deux Epoux devoient
partager également la joie. Cependant
Ecke , qui avoit obfervé les mouvemens de fa femme , n'avoit pû apprendre que le Courrier lui étoit venu de
moi , fans fe livrer à des fureurs qui
avoient répandu l'allarme dans toute fa
Maifon. Il avoit traité Mademoifelle
Fidert , à qui il ne faifoit point encore
porter d'autre nom , avec des reproches
& des menaces qui l'avoient fait tomber
fans connoiffance. Il l'avoit vûe fans

III. Partie.   E

pitié dans cet état ; & fortant brufque-
ment pour aller à la Chaffe, il avoit ordonné à mon Courrier de me dire de fa
part, que je devois me préparer tôt ou
tard à lui payer plus d'une injure. Ce
Garçon feroit parti fur le champ, fi Mademoifelle Fidert, étant revenue à elle-
même, ne l'eût arrêté pour le charger
de fes ordres. Elle faifoit affez de fond
fur fon caractère pour lui parler avec
confiance. Ses larmes avoient commencé cette trifte ouverture. Depuis environ quinze jours qu'elle avoit rejoint
fon Mari, chaque moment avoit été
pour elle un continuel fupplice, c'eft-
à-dire, que l'ayant reçûe avec l'air fa-
rouche d'un Boureau qui voit fa proie
livrée entre fes mains, il ne lui avoit
fait que des reproches au lieu de careffes ; & fa premiere déclaration avoit
été un ferment de lui ôter la vie, fi elle
ne lui faifoit l'aveu de toutes les fami-
liarités qu'elle avoit eues avec moi.
Quoiqu'elle n'eût jamais penféà le tromper, & qu'elle n'eût pas même fait réflexion s'il étoit informé des termes où
nous avions vêcu, elle ne pût fe voir
fi preffée par fes queftions, fans craindre de s'expofer aux plus terribles em-
portemens par une confeffion trop fin-

cére. Le doute où elle s'imagina qu'il
étoit, lui fit prendre le parti de se défendre par un désaveu formel, se figu-
rant avec raison, que ce ne seroit pas
de moi qu'il obtiendroit d'autres éclaircissemens, & que tout ce qu'il ne sçau-
roit pas d'elle ou de moi, ne pourroit
jamais passer pour des certitudes. Mais
lui, qui avoit non - seulement l'avis de
son Pere, mais le témoignage même de
Madame de Montcal, & qui cherchoit
bien moins à s'instruire du passé, dont
il ne doutoit pas, qu'à éclaircir ses
soupçons sur le présent, il regarda l'ob-
stination avec laquelle il lui entendit
soutenir qu'elle n'avoit jamais eu d'autre commerce avec moi que celui de
l'amitié, comme un odieux mensonge,
qui tomboit également sur le présent &
sur le passé. Il acheva le voyage dans
un silence furieux, qui annonçoit à notre malheureuse Amie toutes les douleurs qui l'attendoient à.... A peine y
étoient - ils arrivés, que s'enfermant
avec elle, il n'avoit parlé que de poi-
gnard & de poison, pour lui arracher
des lumieres qu'il ne vouloit plus devoir qu'à elle-même. La pointe du fer
qu'il avoit tenu plus d'une fois suspendu
sur son sein ; & plus encore l'aveu de

Madame de Montcal, qu'il lui faifoit
valoir comme une preuve invincible,
avoient enfin tiré de la bouche de Mademoifelle Fidert, toute l'avanture de
Croydon. Il avoit infifté avec la même
fureur fur la liaifon qu'il lui foupçon-
noit encore avec moi; & quoiqu'elle fe
fût défendue avec conftance, fon imagination bleffée, ne s'arrêtoit pas moins
à la première conclufion qu'il avoit tirée de fon menfonge.

Dans le fond, il avoit été dur pour
lui d'apprendre de fon Pere & de Madame de Montcal ce que la difpofition
des conjonctures lui avoit fait ignorer,
& le parti qu'il avoit pris de s'en confoler, étoit ce qu'on pouvoit attendre
de plus modéré d'un Homme de fon
âge & de fon caractére. Il n'étoit pas
coupable non plus de vouloir éclaircir
s'il ne reftoit entre Mademoifelle Fidert & moi aucune trace de nos an-
ciennes foibleffes; & fans compter les
idées d'honneur qui font propres au
mariage, il fuffifoit qu'il fût amoureux
pour fouhaiter que le cœur de fa femme
fût à lui. Le malheur de Mademoifelle
Fidert venoit donc d'un mal entendu,
qui étoit l'effet de fa propre crainte.
Elle n'avoit eu que deux voies à choi-

fir, qui auroient peut-être fatisfait également fon Mari : l'une, d'avouer nettement qu'elle avoit paffé quelque tems
avec moi dans un commerce d'amour,
& de protefter enfuite avec la même
franchife, qu'il s'étoit changé dans une
liaifon de pure amitié ; l'autre voie qui
devenoit même néceffaire après avoir
commencé par un défaveu, auroit été
de le foutenir au milieu de toutes les
menaces & de tous les périls ; par cette
raifon dont elle avoit d'abord fenti la
force, que ne devant pas craindre que
je l'euffe trahie, il n'y avoit point de
témoignage qui pût l'emporter fur le
nôtre, lorfque nous nous accorderions
tous deux à combattre l'idée qu'on s'é-
toit formée de notre commerce. De ces
deux partis, il fembloit que le dernier
eût pû fervir encore mieux que l'autre
à tranquillifer l'imagination d'un Mari ;
car de quelque force qu'elle puiffe s'armer contre les fouvenirs du paffé, elle
ne s'endurcit jamais parfaitement contre certains regrets. Ecke auroit trouvé
de la douceur à fe flatter que fon Pere
& Madame de Montcal s'étoient trom-
pés fur de fauffes apparences. Mais quoique cette penfée fe fût préfentée plus
d'une fois à mon efprit, & qu'après

E iij

avoir appris le mariage de Mademoifelle Fidert, j'euſſe ſenti du penchant
à lui en donner le conſeil, le récit de
Madame de Montcal, qui m'avoit aſ-
ſuré que les agitations d'Ecke ne regar-
doient point le paſſé, m'avoit fait croire
que cette précaution étoit inutile.

Cependant ce mariage que notre
Amie avoit regardé elle-même comme
la fin de toutes ſes infortunes, étoit
devenu pour elle un tiſſu d'amertumes
& de douleurs. Ecke, agité continuellement par les fureurs de la jalouſie,
n'avoit plus laiſſé paſſer de jour ſans
l'outrager par de nouveaux reproches.
Dans les momens où ſa paſſion l'empor-
toit ſur ſes noires idées, il ſe reprochoit ſes injuſtices, il lui en demandoit
pardon à genoux, il reconnoiſſoit que
le paſſé n'appartenoit point à ſon engagement, & qu'il devoit être guéri de
ſes défiances préſentes par la réſolution
qu'elle avoit priſe de le ſuivre, autant
que par la facilité qu'elle avoit eue à me
quitter. Il paroiſſoit revenir alors de
toutes ſes agitations, & ſe livrer de
bonne foi aux careſſes de l'amour. Mais
il ne s'étoit pas plutôt raſſaſié de plaiſir,
que retombant dans ſes ſombres réflexions, il redevenoit plus terrible que

jamais par ſes menaces, & dangereux
même dans ſes tranſports. Il n'avoit pû
ſe modérer à l'arrivée d'un Courrier
qu'il avoit reconnu pour un de mes
Gens ; & quoiqu'ayant lû ma Lettre,
qui s'adreſſoit à lui comme à ſa femme,
il eût remarqué que je ne m'occupois
que de leurs intérêts ; ce ſoin même
s'étoit préſenté à ſon imagination comme une offenſe, juſqu'à ce que le poi-
ſon qui infeᶜtoit ſon cœur, s'étant ex-
halé par un torrent d'injures, il avoit
feint de prendre un fuſil pour aller cacher ſa honte.

Après cette triſte peinture de ſes peines, Mademoiſelle Fidert conjura mon
Valet de me ſolliciter par toute l'amitié
que j'avois pour elle, de m'employer
autant pour la délivrer d'une ſituation
ſi cruelle, que pour obtenir du Roi
la faveur que je lui faiſois eſpérer. Mais
tandis qu'elle croyoit parler ſans témoins, Ecke étoit à l'écouter, s'il avoit
entendu patiemment le détail de ſes fureurs, il ne put ſoutenir la réſolution
que ſa femme marquoit de le quitter,
& l'interprétant dans le ſens de la jalouſie, il s'approcha d'elle avec de nouveaux tranſports, en jurant qu'il lui feroit payer cher un deſſein qu'il traita

E iiij

d'horrible infâmie, mon Valet effrayé d'un orage qu'il craignit de voir à la fin tomber fur lui, remonta promptement à cheval, & s'éloigna de Canterſtrof. L'impreſſion qui lui reſtoit de la triſteſſe & du danger de ſon ancienne Maîtreſſe, lui avoit fait mettre à ſon retour la moitié moins du tems qu'il auroit employé pour s'y rendre.

Le mouvement des Armés, & l'approche d'une Bataille qui paroiſſoit déſormais inévitable, ne réfroidirent point l'ardeur que je me ſentis pour le ſervice de cette femme infortunée. M. le Maréchal étoit avec le Roi ſur le bord de la Riviere, à voir défiler la Cavalerie, qui paſſoit le nouveau Pont. Je m'approchai de lui, & le priant de m'écouter à l'écart, je lui expliquai en peu de mots la malheureuſe ſituation d'une femme qu'il avoit aimée. Il en fut touché. Je lui traçai en même tems ce qu'il avoit à faire pour la ſervir. Il me fut impoſſible de ne pas mêler le nom d'Ecke dans cette explication. Quoique M. de Schomberg n'apprît point ſans reſſentiment qu'il avoit été trompé par le pere & le fils, il ſupprima les plaintes pour exécuter promptement ce que je le ſuppliai de ne pas remettre plus loin

Mon plan étoit de rappeller Ecke à l'Armée, & d'engager le Roi dans une occasion si favorable à déclarer hautement qu'il faisoit grace à Mademoiselle Fidert pour son Parricide. Ecke étant obligé de quitter le Château de Canterstrof, sa femme seroit autorisée par le changement de ses affaires, à se rendre dans sa Maison Paternelle, où elle vivroit du moins pendant quelque tems dans l'indépendance, & c'étoit rémédier au plus pressant de ses maux, que de lui donner une double raison de s'éloigner de son Mari.

M. de Schomberg demanda aussi-tôt ces deux graces au Roi. Elles furent accordées sur le champ au souvenir des soupirs de Croydon. Oui, dit ce Prince, en levant la voix au milieu de vingt Officiers généraux, je ne puis faire trop tôt connoître aux Irlandois que je les aime. Il prit la peine de donner lui-même un tour favorable au crime de Mademoiselle Fidert, en l'attribuant à la fureur de l'amour, & déclarant d'ailleurs qu'il ne vouloit rien approfondir, lorsqu'il étoit question de la premiere grace qu'il eût accordée à l'Irlande, il affeta de faire croire que par cette considération il ne s'arrêtoit pas scrupu-

E v

leusement à ses principes. Il n'y eut
personne qui ne se persuadât qu'à la
veille d'une Bataille il avoit voulu gagner effectivement les Irlandois par un
exemple extraordinaire de clémence.
Le pardon du jeune Ecke fut accordé
au même moment. Je me fis apporter
aussi-tôt une plume que je pris la liberté de présenter moi même au Roi,
en lui disant qu'une grace accordée à
la tête de son Armée, devoit porter
dans la forme quelque chose de militaire. Il eut la bonté de signer son nom
au bas d'un papier que je fis contre-si-
gner par M. de Schomberg ; je le remplis de quelques lignes dont je leur fis
la lecture ; & tandis que tout le monde
badinoit de cette nouvelle méthode
d'expédition, je demandai à M. le Maréchal la permission de faire partir un
de ses Gardes pour la porter au Château de Canterstrof.

Ce n'étoit pas sans raison que je choi-
sissois un Garde de M. de Schomberg
pour cette commission. Outre qu'il ne me
convenoit plus d'y employer un de mes
Gens , j'avois formé deux projets qui
ne pouvoient réussir aisément que par
cette voie. L'un étoit de faire venir le
jeune Ecke au Camp , sans qu'il pût al-

léguer aucun prétexte pour différer fon
départ ; & comme il auroit été chocquant pour lui de le faire amener par
une Efcorte, il n'y avoit qu'un Garde
qui pût le forcer tout d'un coup à l'obéif-
fance. D'un autre côté je voulois me
procurer naturellement l'occafion d'apprendre au Chevalier Ecke le mariage
de fon fils, & le difpofer même à joindre fes ordres à ceux de M. le Maréchal
pour le rappeller à l'Armée ; car je me
défiois encore qu'il y voulût confentir,
& qu'il ne préférât pas de perdre fa
Compagnie à la néceffité d'abandonner
fa femme à elle-même. Son Pere, quoiqu'extrêmement furpris de fon mariage,
marqua moins de chagrin de cette nouvelle, que de crainte d'avoir déplû à
M. le Maréchal par la conduite qu'il
avoit tenue à Biligargi. Il confentit à
charger le Garde d'un ordre particulier
de fa main, auquel je joignis celui que
j'avois tiré de M. de Schomberg.

Cependant toute l'Armée qui étoit
compofée de plus de cinquante mille
Hommes, ayant paffé la Riviere avant
la fin de la nuit, le Roi lui accorda
quelques heures pour fe rafraîchir, &
l'ordre fut donné en même tems de di-
ftribuer la poudre & tout ce qui étoit
E vj

néceſſaire pour le combat. Nous n'é-
tions plus ſéparés de l'Ennemi que par
la Boyne, petite Riviere qui pouvoit
être paſſée à gué dans mille endroits. M.
de Schomberg, que j'avois l'honneur
d'accompagner de fort près, me fit approcher encore plus, pour me demander ce que je penſois du Chevalier
Ecke; & ſi je croyois qu'après la trahi-
ſon dont il s'étoit rendu coupable à Biligargi, il dût lui laiſſer le commandement de ſes Gardes dans un jour de Bataille. Cette queſtion m'ayant ſurpris
juſqu'à m'ôter le pouvoir de répondre,
il continua de me dire que j'ignorois
ſans doute juſqu'où le Chevalier avoit
porté la perfidie, & qu'il ne ſe figuroit
pas du moins que ſa hardieſſe eût été
juſqu'à s'en venter. En le faiſant partir
pour Biligargi, il avoit été obligé de
lui confier toute l'hiſtoire de ſes amours,
& l'ayant chargé de ſa vengeance, il
n'avoit pas fait difficulté de lui apprendre que Mademoiſelle Fidert n'avoit jamais eû de retour pour ſa tendreſſe.
Or s'il étoit certain que c'étoit avec ſon
fils qu'elle avoit été ſurpriſe, & qu'elle
l'eût enfin épouſé enſuite, il ne l'étoit pas
moins, que le Chevalier avoit vû ſon
fils dans ſa priſon; d'où il falloit con-

clure non-feulement qu'à fon retour il
avoit trompé M. le Maréchal par des
fables , mais qu'il s'étoit fervi de fa
confidence pour favorifer le mariage
de fon fils , c'eft-à-dire , précifément
pour trahir fon attente , & lui ravir une
Maîtreffe dont il ne lui avoit pas caché
que tout fon bonheur étoit d'être aimé. Fierai-je ma vie, reprit-il , à celui
qui m'a trompé avec cette cruauté &
cette baffeffe ?

Il y avoit de la juftice dans une partie de ces plaintes ; mais j'aurois pû juftifier le Chevalier Ecke fur tout ce qui
avoit rapport au mariage de fon fils ,
puifque j'étois certain par mille raifons
qu'il l'avoit ignoré. Je lui devois même
cette juftification , & j'allois l'entreprendre, lorfque le Roi , qui n'avoit
ceffé un moment d'être à cheval pendant toute la nuit , fe trouva vis-à-vis
de M. le Maréchal , & le reconnut à la
clarté des premiers rayons du jour. Il
fut à nous au même inftant. M. le Maréchal n'eut que le tems de me dire : Je
fuis le plus malheureux de tous les hommes. Tout me trahit , l'amour & l'amitié. Que j'en augure mal pour le fuccès de cette journée. Je n'ai que toi ,
Montcal , ajouta-t-il. Va dire de ma part

au Chevalier que je ne veux plus de ſes
ſervices, & prens le commandement de
mes Gardes. L'arrivée du Roi ne me
laiſſa point la liberté de répondre. Je
me retirai pour exécuter les ordres de
mon maître & de mon ami, en gémiſſant
de la triſteſſe de ſon cœur, mais en plai-
gnant auſſi le Chevalier Ecke, que je
croyois excuſable, & que cette diſgrace alloit néanmoins déshonorer. Je
ne fus pas long-tems à le joindre. Je lui
déclarai les intentions de M. de Schomberg, ſans pouvoir me défendre de lui
en expliquer en peu de mots les raiſons.
Un coup de foudre l'auroit moins abbatu. J'ai prévû, me dit-il, que cette
malheureuſe avanture me coûteroit ma
fortune; mais il me fait un tort cruel.
Je ne ſuis capable ni de le trahir, ni de
ceſſer de l'aimer. Il me quitta d'un air
déſeſpéré, ſans prêter l'oreille à la pro-
meſſe que je lui faiſois de juſtifier ſon
innocence aux dépens de ma vie. Ainſi
l'amitié & l'amour jouerent leur rôle au
milieu des Armes, & nous occupoient
autant que le deſir de la gloire.

Cependant l'Ennemi qui nous dé-
couvrit à la pointe du jour, commença
auſſi-tôt à faire entendre ſon Artillerie,
dont les premiers coups furent pointés

apparemment contre ceux qui avoient
reçu ordre du Roi de reconnoître les
gués & les paffages. Ce Prince s'étant
lui-même approché de la Riviere, fut
bleffé d'un coup de canon qui lui ef-
fleura l'épaule. Mais n'en étant pas
moins en état d'agir, il fe détermina enfin à paffer la Boyne aux yeux de l'Armée Jacobite, que le Comte de Lauzun
rangeoit de l'autre côté en Bataille. Il
parut bien que l'Ennemi ne s'attendoit
point à tant de diligence, & qu'après
une marche de plufieurs jours, il s'imaginoit que nous en prendrions un du
moins pour nous rafraîchir. Notre é-
tonnement étoit de le voir occupé à
faire une variété d'évolutions & de
mouvemens à plus d'un mille du bord
de la Riviere, tandis que M. de Schomberg, qui avoit déja reçu ordre de
paffer avec la Cavalerie, s'avançoit
à la tête de foixante-deux Efcadrons;
comme fi les Jacobites euffent cru qu'il
n'approchoit de la Boyne, que pour fe
faire voir fur les bords. Cependant
lorfqu'ils eurent remarqué qu'il commençoit férieufement le paffage, leur
Cavalerie fe détacha au petit galop
pour venir recevoir la nôtre, & leur Infanterie fe mit en marche avec la même
diligence.

M. de Schomberg étoit déja passé avec plus de vingt Escadrons. Il fondit impétueusement sur le premier Corps de la Cavalerie Ennemie, qui s'étoit hâté plus que les autres, & dans un instant il le tailla en piéces avec un si furieux carnage qu'il n'echappa point vingt hommes de huit Escadrons, dont il étoit composé. Les suivans qui auroient été exposés au même sort dans le désordre où ils s'avançoient à la queue les uns des autres, arrêterent tout court, pour se mettre en ordre de bataille, & pour attendre leur Infanterie. La nôtre commençoit à passer la riviére sous la conduite de Mylord Douglas, & du Général Major Kirex. Et l'éloignement où celle de l'ennemi étoit encore, sembloit nous promettre d'autant plus de liberté, que le dessein de M. de Schomberg étoit de l'attaquer, dès qu'il auroit toute sa Cavalerie de l'autre côté de la Boyne. Le Roi qui l'avoit passée des premiers, se tenoit entre les deux parties de son Armée, qu'il voyoit passer à droite & à gauche, exposé au canon de l'ennemi comme le dernier soldat, & marquant de la main à chaque Troupe le poste qu'il vouloit qu'elle occupât. Il quitta tout d'un coup le sien pour s'avancer

vers la Cavalerie au moment qu'elle a-
chevoit de paſſer. Quoiqu'il fût convenu avec M. le Maréchal qu'il attaque-
roit les ennemis en flanc , lorſque Mylord Douglas les auroit joints avec l'Infanterie, il crut remarquer à la diſpoſi-
tion du terrain qu'il auroit plus d'avantage à les prendre par derriére , & les
voyant eucore aſſez loin pour aller lui-
même un peu plus avant à la découverte des lieux , il vouloit gagner la hauteur à la tête de quarante ou cinquante
Officiers qui faiſoient toute ſa ſuite. Mais
les inſtances de M. de Schomberg le firent
demeurer au front de la Cavalerie , tandis
que ce Général entreprenant de ſuppléer
à ſes vûes, s'avança effectivement avec le
même cortége. L'Infanterie Ennemie ,
qui s'étoit miſe en marche avec tant
d'ardeur, dans l'eſpérance d'arriver aſſez tôt pour nous diſputer le paſſage ,
s'arrêta tout d'un coup, lorſqu'elle s'apperçût que notre Cavalerie étoit entiérement paſſée , je fis remarquer à M.
le Maréchal que c'étoit apparemment
pour tirer avantage de l'inégalité du terrain , qui alloit en pente depuis le lieu
où ils étoient juſqu'à la riviére , & le
mouvement de leur Cavalerie qui ſe retira auſſi-tôt pour les rejoindre , confir-

ma mon obfervation. Il y avoit beaucoup
d'apparence que ce qui n'auroit été
qu'une rencontre tumultueufe, s'ils fuffent arrivés avant le paffage de notre
Cavalerie, alloit devenir un combat ré-
glé, lorfque notre Infanterie auroit a-
chevé de paffer. Mais dans l'éloignement
où ils étoient encore, M. de Schomberg
n'ayant pas fait difficulté de s'avancer
prefqu'à la moitié de la diftance qui nous
féparoit d'eux, nous vîmes un nombre
de leurs Cavaliers qui ne nous parut pas
fupérieur au nôtre, prendre leur cour-
fe vers nous avec l'apparence de vouloir nous attaquer. On a prétendu depuis que c'étoit le Duc de Berwick, qui
s'étant figuré que le Roi étoit avec nous,
avoit entrepris avec fes plus braves Officiers de le tuer, ou de l'enlever avant
qu'il pût être fecouru. Comme il n'étoit
pas queftion d'éviter une attaque dont
nous étions bien fûrs de faire partager
le péril à nos Ennemis, nous nous pré-
parâmes à les recevoir de bonne grace.
Le premier choc fut bien violent, fans
être meurtrier; parce que dans l'ardeur
qui animoit de part & d'autre deux partis qui n'étoient compofés que de gens
de diftinction, la confufion d'une rencontre fi vive rendit prefque tous les

coups inutiles. Je fus pouffé d'abord
jufqu'au dernier rang , avec une partie
des Gardes de M. de Schomberg que
j'avois amenés à la fuite. Mais tandis que
je faifois les derniers efforts pour regagner le terrain que j'avois perdu , le deffein des ennemis fe déclaroit par les coups
terribles qui fe réuniffoient autour de
M. de Schomberg , où la mêlée étoit
devenue fort fanglante en un moment.
Au défaut du Roi, ils paroiffoient achar-
nés contre la vie de fon Général ; &
beaucoup plus vîte que je ne pus
me faire jour jufqu'à lui pour le fecou-
rir , un Irlandois, que je reconnus bien-
tôt pour Harryfitz , l'abbatit d'un coup
de piftolet. Ce Héros infortuné tomba
de fon cheval, & fon dernier fort auroit
été d'être écrafé auffi-tôt , fi le Chevalier Ecke que je n'avois point apperçû
dans notre Troupe , & qui fe trouvoit
près de lui dans ce moment , ne fe fût
jetté à terre auffi promptement que M.
de Schomberg y étoit tombé , & n'eût
employé tout l'avantage qu'il avoit à
pied pour écarter les chevaux. Mais é-
tant bleffé auffi-tôt lui-même , & voyant
qu'Harryfitz cherchoit à percer M. le
Maréchal de la pointe de fon épée , il
ne penfa plus qu'à fe jetter devant fon

Maître, qui respiroit encore, & qu'à
parer aux dépens de sa vie les coups
qu'on lui portoit. Il la perdit au même
moment, sans que sa mort pût garantir
M. de Schomberg. Harryfitz acheva sa
vengeance, en le perçant deux fois de
son épée ; & ce qui n'excita pas moins
de pitié & d'admiration que le généreux
dévoument du Chevalier Ecke, un de
ses valets de chambre, nommé Ferry,
qui l'avoit suivi pas à pas avec un cheval de main, s'étant jetté sur son corps
pour lui servir aussi de bouclier, y fut
tué au même moment de plusieurs coups.

La fureur qui se répandit dans toute
notre Troupe ne laissa pas durer long-
tems l'opinion que nos ennemis eurent
de leur victoire. Ils perdirent plus de la
moitié de leurs gens, & l'on assura que
le Duc de Berwick avoit été blessé.
Pour moi, qui, malgré tous les efforts
que j'avois faits pour rejoindre mon maître, n'avoient pû m'ouvrir assez tôt un
passage, je n'arrivai près de lui qu'au
moment qu'Harryfitz lui portoit le dernier coup. Ce spectacle, joint à celui
du Chevalier Ecke que je voyois étendu de son côté dans un ruisseau de sang,
m'auroit fait tomber les armes des mains,
si l'ardeur de la vengeance ne m'eût ren-

du autant de force que la tendreſſe de
l'amitié étoit capable de m'en ôter. Je
traitai barbarement Harryfitz, il faut
que je le confeſſe ; car après lui avoir
fendu la tête du tranchant de mon épée,
je la lui plongeai trois fois de ſuite dans
le ſein. D'autres le vengerent auſſitôt en
me traitant avec la même cruauté. Je fus
abbatu de pluſieurs bleſſures, qui me
firent perdre tout d'un coup la connoiſſance ; & je ne pus jouir du plaiſir de
voir nos ennemis forcés de prendre la
fuite au nombre de douze, qui n'étoient
qu'environ le quart de leur Troupe.

Je ne leur refuſe point la gloire d'a-
voir combattu avec une valeur obſtinée ;
& s'il eſt vrai que le Duc de Berwick
fût le Chef de ce détachement, il s'eſt
vanté ſans doute d'être ſorti fort heureuſement d'une des plus dangereuſes
occaſions de ſa vie. La victoire auroit
même été plus incertaine , ſi le deſſein
de tuer M. de Schomberg, pour lequel
ils avoient réuni tous leurs efforts, ne
leur eût fait négliger peut-être le ſoin
de ſe défendre. Mais dois-je donner le
nom de victoire à la plus grande de toutes nos pertes? Il n'y eût point d'exce-
ption dans la douleur publique. Toute
l'Armée regreta un Général qui s'étoit

fait aimer dès qu'il avoit paru en Angleterre, & qui par l'effet de ses qualités person-
nelles avoit étouffé insensiblement jusqu'à
l'envie dans ceux qui avoient été presqu'également allarmés de la grandeur de
sa réputation, & de la faveur extraordinaire où il s'étoit élevé tout d'un coup auprès du Roi. Si la fortune lui avoit offert peu d'occasions de signaler son courage dans les deux Campagnes qu'il a-
voit faites en Irlande, il n'en étoit que
plus glorieux pour lui d'avoir arrêté à
si peu de frais les entreprises de l'ennemi ; & d'ailleurs son unique dessein ayant
toujours été de réduire les Jacobites
dans quelque détroit où il pût les accabler tout d'un coup, il ne pouvoit l'a-
voir exécuté mieux, puisqu'en mourant
il les laissoit à l'instant d'une bataille qui
devoit renverser toutes les espérances
de leur parti.

Elle ne fut vûe du côté de l'Infanterie, que par la vigoureuse attaque de la
nôtre, car malgré l'avantage que les
ennemis avoient à tirer de leur situation,
à peine eurent-ils essuyé le premier feu,
que se mettant en désordre, ils soutin-
rent mal l'impétuosité de Mylord Douglas, & du Général Kirex. En vain le
Duc de Berwick fit-il des effets merveil-

leux pour les encourager. Ils furent rompus, avec si peu d'espérance de pouvoir se rallier, que le Duc les abandonnant avec indignation, passa à la Cavalerie, qui avoit fait face avec plus d'honneur à la nôtre, & qui soutint long-tems le combat. Elle fut néanmoins renversée par le Roi même, qui avoit animé la sienne à venger la mort de son Général. Suivant les relations qui furent publiées à Londres, & que je ne lûs qu'après mon rétablissement, la déroute des Jacobites fut si complette que de plus de quarante mille Irlandois que le Roi Jacques avoit ramassés depuis son débarquement, il n'y en eût pas dix qui parussent après la bataille, soit que les autres eussent péri dans leur fuite, soit qu'étant rebutés de leur disgrace, ils eussent pris le parti de se retirer dans leurs Provinces, & d'abandonner le service du Roi Jacques. Les François, mal secondés par ces mauvaises Troupes, se retirèrent en assez bon ordre à Limerick, sous la conduite d'un Officier de leur nation, nommé Boisselat; tandis que le Roi Jacques, avec le Duc de Berwick & le Comte de Lauzun, allèrent se consoler de leur perte en France.

On avoit pris foin du corps de M. le
Maréchal ; mais celui du Chevalier Ecke
& le mien étant demeurés fur le champ
de bataille , il n'y eût qu'une faveur extraordinaire du Ciel qui pût me fauver
d'être mille fois écrafé par la Cavalerie.
L'action générale fe paffa à fi peu de diftance qu'étant revenu à Pixois la nuit
fuivante , foit par la fraîcheur de l'air ,
foit par le mouvement que je reçûs de
ceux qui me vinrent dépouiller de mes
habits , je confervai affez de préfence
d'efprit pour remarquer autour de moi
des tas d'hommes & de chevaux morts ,
que le Roi avoit déja donné ordre qu'on
raffemblât , pour les enterrer dès le lendemain. Ceux entre les mains de qui je
tombai ne me parurent pas fort touchés
de la priere que je leur fis de prendre
foin de ma vie ; cependant lorfqu'en re-
muant à peine la langue , je leur eus
appris que j'étois un Officier de quelque
diftinction , qui leur promettois de ré-
compenfer libéralement leurs fervices ,
ils me fouleverent entre leurs bras, pour
me mettre fur une voiture qui étoit déja chargée de quelques Officiers bleffés ,
à qui les mêmes efpérances leur avoient
fait rendre apparemment le même offi-
ce. S'il me reftoit quelques goutes de
fang

fang qui ne fût pas forti par mes bleffures, elles acheverent fans doute de s'é-
couler dans ce mouvement, car ayant
encore une fois perdu la connoiffance,
je ne la retrouvai que plus d'une heure
après, dans la cabane d'un payfan où je
fus tranfporté; & ceux à qui je fus re-
devable d'un fi grand bienfait s'embar-
rafferent peu après m'avoir placé dans la
voiture, fi ma vie pouvoit fe foutenir
long-tems fans d'autres fecours.

Cependant mes gens, qui n'avoient
pas eu de peine à s'affurer de mon fort,
étoient à me chercher auffi dans le même endroit du champ de Bataille; mais
la multitude de Valets & de Vivandiers
qui y étoit répandue, les ayant empêché
d'étendre bien loin les yeux autour
d'eux, quoiqu'on eût allumé de toutes
parts quantité de feux & de flambeaux,
ils ne découvrirent la route qu'on m'a-
voit fait prendre, qu'après avoir employé une partie de la nuit à me chercher inutilement. Ayant appris enfin
qu'on avoit tranfporté dans diverfes voi-
tures quelques Officiers qui n'étoient
pas morts, ils fe flaterent que je pour-
rois être de ce nombre. J'étois encore,
fi non fans connoiffance, du moins fans
voix & fans forces, lorfqu'ils arriverent

III. Partie.   F

à la cabane. L'obscurité y étoit grande,
& les secours encore si éloignés, qu'a-
vant que de les recevoir, j'aurois perdu
misérablement le peu de vie qui me restoit. Mes gens me reconnurent tout d'un
coup, parce qu'on m'avoit laissé mes
habits. Ils me rendirent des soins si em-
pressés, que m'ayant rappellé quelque
apparence de chaleur, je me trouvai en
état de distinguer Harryfitz, qui avoit
été transporté comme moi sur quelques
espérances qu'on avoit eu la force de
donner à ceux qui l'avoient découvert.
Ses blessures ne le cédoient guéres aux
miennes. Je l'avois abbattu d'un coup
de sabre sur la tête; & je lui en avois en-
foncé trois fois la pointe dans l'estomac.
Il est vrai qu'avec les mêmes coups, j'en
avois reçû un de plus sur la tête, & deux
sur le bras gauche. Mais le secours de
mes gens m'ayant rappellé la connois-
sance, je pus reconnoître Harryfitz, qui
n'étoit pas en état d'ouvrir les yeux pour
me distinguer. Dans la mortelle foiblesse
où j'étois, je ne laissai pas de me rappeller toutes les images qui m'étoient res-
tées du combat; & quelque ardeur qui
m'eût porté à venger la mort de M. le
Maréchal, je me souvins avec quelque
bonté que son Meurtrier, cet Harryfitz

que j'avois traité si cruellement, m'avoit
sauvé dans un autre tems la vie & la liberté. Si je l'avois puni d'avoir cherché
sa gloire aux dépens d'une tête si pré-
cieuse, il me sembla que je pouvois satisfaire aussi ma reconnoissance en lui faisant donner le secours qui étoit nécessaire à sa situation. Sans le désigner au-
trement que par un signe, j'attachai mon
Chirurgien à le servir. Le soin qu'on me
vit prendre de lui porta ensuite mes gens
à le faire transporter avec moi dans le
Bourg voisin, où il fut logé sous le même toit & traité avec les mêmes attentions.

Madame de Montcal n'attendit pas la
certitude de mes blessures pour quitter
Biligargi. Sur le premier bruit qui se répandit de notre victoire, & sur mon silence qu'elle trouva long dans une telle
conjoncture, elle prit le parti de se rendre aux bords de la Boyne, où la nouvelle de la mort de M. le Maréchal lui
fit d'abord penser que j'étois uniquement
occupé d'un si funeste événement : mais
elle apprit enfin la part que j'avois eu à
l'infortune de ce grand homme, & les
sentimens qu'elle me connoissoit pour
lui, la persuaderent d'abord que mes blessures n'étoient pas les plus douloureux

de mes maux. En effet, ma confterna-
tion & ma douleur ne firent qu'augmenter tous les jours, tandis que le danger
de mes bleffures diminua bien-tôt fenfiblement. Non-feulement je renonçai à
tout efpoir de fortune militaire, après
la mort de mon protecteur & de mon
ami, mais je réfolu d'abandonner le fervice; ce fut-là la promeffe que j'adreffai
à Madame de Montcal, en voyant les
pleurs que ma fituation lui faifoit répandre.

En affurant qu'aucune de mes bleffures n'étoient mortelles, les Chirurgiens ne me rendoient pas mes forces,
qui fembloient m'avoir quitté fans retour
par l'épuifement abfolu de mon fang. Je
paffai plus de trois femaines dans cet état,
fans être capable de m'occuper d'autres
foins que ceux d'une fi ennuyeufe fituation. Harryfitz étoit traité dans une autre
chambre; mais s'il ignoroit à qui il avoit
l'obligation de ce bienfait, j'avois abfo-
lument oublié le fervice que je lui avois
rendu. Il avoit été fi mal que la curiofité
n'avoit pû l'occuper beaucoup. Cependant il ne put entendre mon nom de mes
domeftiques, fans fe faire inftruire du
lieu où il étoit, & par quelle générofité
ou quel intérêt on lui rendoit des fer-

vices si empreſſés. Il frémit en apprenant qu'il étoit ſous mon pouvoir. Les
circonſtances du combat n'étoient point
effacées de ſa mémoire. S'il ſe ſouvenoit
d'avoir ôté la vie avec un acharnement
cruel au Maréchal de Schomberg, il n'a-
voit pas oublié non plus que c'étoit de
moi qu'il avoit reçû le premier coup de
ſabre qui l'avoit abbattu ; & ſe trouvant
percé de pluſieurs autres coups, il ſe figuroit aiſément qu'ils étoient tous partis
de la même main. Mes gens, qui remar-
querent ſon inquiétude, me rappellerent
ce que j'avois fait pour lui en m'apprenant qu'il étoit ſi près de moi ; ou plutôt me parlant de lui ſans le connoître,
ils brûloient eux-mêmes d'apprendre
quelles pouvoient être les raiſons qui
m'avoient porté à le ſervir, & qui pa-
roiſſoient lui faire regreter de m'avoir
cette obligation. Non-ſeulement je cachai ſon nom & ſon forfait, mais le faiſant aſſûrer auſſi-tôt que je n'avois pas
perdu le ſouvenir de Kanan, j'ajoutai
quelques termes vagues par leſquels je
lui faiſois entendre qu'il s'étoit fait dans
mon cœur une compenſation d'injures
& de bienfaits.

Il n'avoit pas manqué de ſe faire raconter auſſi la diſgrace irréparable du

Roi Jacques ; & répondant fort bien au foin que j'avois eu de lui faire parler avec quelque obfcurité, il me fit dire avec la même précaution que c'étoit un malheur pour lui & pour moi que nos bleffures nous retinffent dans un lit. Je ne vis dans ce langage que l'ardeur d'un Homme de guerre, qui regrete de ne pouvoir être utile à fon Parti ; mais elle me donna occafion de réflechir fi je pousferois l'oubli de fon attentat jufqu'à lui rendre la liberté après fa guérifon. Il me l'avoit rendue à Kanan ; & je comprenois bien d'ailleurs qu'après tant d'actions fameufes par lefquelles il s'étoit attiré la haine des Proteftans, il n'y avoit guéres de tempérament entre le retenir Prifonnier, & le dévouer au fupplice. Mais pouvois-je auffi le rendre libre fans m'expofer moi-même au reffentiment, & peut-être au mépris de tous les Amis de M. de Schomberg, à qui l'on ne feroit jamais comprendre qu'il y eût des raifons affez fortes pour m'avoir fait épargner la vie, & prendre foin même de la fanté de fon Meurtier ? Il ne falloit pas efpérer qu'en fortant de mes mains, il pût cacher que M. de Schomberg étoit mort par les fiennes, & c'étoit m'expofer non-feulement à la

haine de tous ceux à qui ce grand nom
étoit cher, mais aux reproches éternels
de mon propre cœur.

Auſſi-tôt qu'il fut en état de ſe faire
tranſporter juſqu'à ma chambre, il me
fit demander inſtamment la liberté de me
voir. Je me fis preſſer plus d'une fois, &
j'affectai de n'y conſentir que d'un air
chagrin. Malgré le ſervice que je lui
avois rendu, il ſentoit fort bien que je
ne pouvois l'aimer, & que la reconnoiſſance avoit eu à combattre des mouvemens bien oppoſés, pour me faire prendre quelque intérêt à ſa guériſon. Auſſi
commença-t-il par me confeſſer qu'il re-
gretoit lui-même d'avoir privé l'Europe
d'un de ſes plus grands Hommes, &
qu'il ſe croyoit d'autant plus coupable,
que le motif de la gloire avoit eu moins
de part à ſon action, que la force d'un
reſſentiment perſonnel. Il n'avoit jamais pardonné à M. de Schomberg de
l'avoir fait condamner au ſupplice, après
l'affaire d'Oxmanton, & depuis ce tems-
-là toutes ſes vûes s'étoient tournées à
la vengeance. Mais en s'accuſant de
barbarie, il me fit une propoſition qui
me fit douter que ſon repentir fût ſincére, ou qui me donna lieu du moins
de me fier moins que jamais à ſon cara-
F iiij

ĉtére. Boiffelat s'étoit renfermé dans
Limerick avec les François, & le Roi
Guillaume, qui ne vouloit pas repaffer
la Mer fans avoir détruit toute l'Irlande, s'étoit attaché lui-même à ce Siége
avec fes meilleures Troupes. Harryfitz,
mécontent de voir fes fervices mal ré-
compenfés par le Parti Jacobite, me
propofa de rendre un fervice effentiel
au Roi Guillaume, en faifant périr d'un
feul coup la Garnifon de cette Ville. Il
étoit né à Limerick. Connoiffant tous
les détours de la Ville, il y avoit remarqué un fouterrain qui regnoit fous
un long corps de cazerne, où il ne doutoit pas que tous les François ne fuffent logés. Il n'en ignoroit pas non
plus la fortie qui donnoit dans un foffé
fec, & la montagne fervant de ce côté-
là de défenfe naturelle à la Ville, il jugeoit que la garde s'y faifoit avec négligence. Son deffein étoit de tranfporter quelques milliers de poudre dans le
fouterrain, pour faire fauter le corps de
cazerne & tous ceux qui l'habitoient.
Ce projet lui paroiffant infaillible, il re-
gretoit que nous n'euffions point été en
état de l'exécuter, avant que le Roi
Jacques, qui avoit paffé quelques jours
à Limerick après fa défaite, eût quitté

cette Ville pour se rendre à Kinsal,
d'où il étoit parti ensuite pour retourner en France.

Malgré tous mes engagemens au service de l'Angleterre, je ne pus entendre sans horreur le plan d'une entreprise qui devoit coûter la vie à cinq ou
six mille Hommes de ma Nation, sans
pouvoir tirer l'épée pour se défendre.
Si j'excitai Harryfitz à m'expliquer toutes ses idées, ce ne fut que pour m'assurer
les moyens de couper le cours à cette
perfidie. Mais je n'eus pas besoin d'y
employer beaucoup d'efforts; ses blessures ne lui permettant non plus qu'à
moi de penser lui même à l'exécution
de ses vûes, il ne me les communi-
quoit que pour m'engager à donner
cette ouverture à Mylord Douglas, qui
commandoit sous le Roi au Siége de
Limerick. Je feignis de les approuver,
jusqu'à faire prendre une plume à Madame de Montcal, pour en écrire toutes les circonstances ; & lui promettant
de faire valoir son zéle, je le renvoyai
fort satisfait de ses espérances. Mais je
ne m'occupois au fond qu'à trouver
quelque voie indirecte pour les faire
manquer ; & le Ciel me l'offrit en ame-
nant chez moi Mylord Gallouay, qui
F v

se détourna de quelques milles pour me marquer la part qu'il prenoit à ma situation. Il étoit parti de Londres avec des nouvelles importantes qu'il portoit au Camp de Limerick , & qui déterminérent bientôt le Roi à quitter l'Irlande pour se rendre à la Haie. Je lui proposai mes scrupules sur l'offre qu'on me faisoit de perdre d'un seul coup toute la Garnison Françoise de Limerick. Soit reste d'attachement pour une Nation dont il étoit comme moi, soit hauteur pour le noir dessein d'un Perfide , il ne balança point à condamner la cruelle invention d'Harryfitz, & dans quelque tems qu'elle pût être proposée , il se chargea d'en arrêter l'exécution.

Cet incident ne fit qu'augmenter mes difficultés sur la conduite que je devois tenir avec le Meurtrier de M. de Schomberg. Je me serois arrêté enfin au Parti de le quitter , dès que ma santé m'auroit permis de souffrir le mouvement d'une voiture , & l'abandonnant à lui-même, j'aurois évité tous les reproches ausquels j'appréhendois de m'exposer; mais j'eus encore l'obligation au Ciel de me délivrer de cet embarras , par une voie qui sembloit justifier sa Providence. L'Ecuyer de M. le Maréchal de Schomberg avoit été dangereusement blessé en combattant près de son Maître; & quoiqu'il se fût plutôt rétabli que moi, il lui restoit des suites à craindre d'un coup de balle qui lui avoit traversé le corps. On lui conseilla d'aller prendre les eaux de Bath; & comme il s'étoit fait traiter long-tems dans le lieu où j'étois, il ne fut pas plutôt en état de marcher, que pour exercer ses forces, il vint me rendre sa premiere visite. Notre entretien ne roula que sur notre perte commune, & sur les louanges d'un Maître que nous avions les mêmes raisons de regreter. J'évitai de lui parler de Harryfitz. Mais en me quittant, il apprit qu'il y avoit dans la même Maison un Officier, qui étoit encore fort mal de ses blessures; & quoiqu'on ne pût lui en dire le nom, il se crut obligé que par l'occasion à lui faire quelques politesses. Harryfitz étoit dans un fauteuil, où sa foiblesse le retenoit encore. Quelque changement qu'une si dangereuse maladie, & la différence de l'habillement eussent pû mettre dans sa figure, l'Ecuyer, qui se nommoit Tostat, crut le reconnoître après l'avoir observé quelques momens. Mes yeux me trompent-ils, lui dit-il dans le mouvement

F vj

d'une fureur qui commençoit à s'allu-
mer ; ne vois-je pas le monstre qui a maf-
facré barbarement mon Maître ? Et ne
pouvant douter, fur quelques excufes
mal arrangées qui échapperent à Harryfitz, que le jugement qu'il en avoit
porté ne fût certain, ah ! traitre, s'é-
cria-t-il en tirant fon épée, comment la
vengeance du Ciel t'a-t-elle épargné
fi long-tems ? Mais elle t'eft réfervée
par ma main ; & fans confidérer fa fituation ; il le perça de plufieurs coups.
Le bruit ayant attiré tout ce qu'il y
avoit de gens dans la Maifon, il ne
marqua pas la moindre inquiétude de
l'action qu'il venoit de commettre ;
qu'on expofe, leur dit-il, ce miférable
fur le premier gibet. C'eft l'affaffin de
M. de Schomberg. Je ne regrete que
de lui avoir ôté la vie par une mort
trop douce. En un moment la rage parut faifir tous les Spectateurs. Ils trai-
terent le cadavre avec les dernieres in-
dignités, & l'ayant traîné par toutes les
rues du Bourg, ils le partagerent en
plufieurs quartiers, qu'ils attacherent
dans différens lieux.

Toftat étoit repaffé dans ma chambre après cette exécution. L'émotion
où je le vis m'en ayant caufé beau-

coup, j'attendois qu'il m'expliquât ce que
je ne sçavois encore que par le bruit que
j'avois entendu. Il m'embraffa plufieurs
fois. Je regarde ce jour, me dit-il,
comme le plus heureux de ma vie. J'ai
vengé notre Maître. Comment s'eft-il
fait, ajouta-t-il, que vous ayez eu fi
long-tems le traître à deux pas de vous
fans le connoître ? Cette queftion
m'embarraffa. Mais connoiffant de la
raifon & de l'honneur à Toftat, je pris
le parti de lui expliquer tout le fond de
mon avanture. Il confeffa que je m'étois
trouvé dans des circonftances délicates.
Enfin j'en étois délivré ; & fans examiner
trop à quels fentimens je devois me livrer, je priai Madame de Montcal de
prendre cette occafion pour hâter notre
départ.

Elle auroit fouhaité que nous mettant
dans une voiture affez douce pour gagner la mer, nous nous fuffions affociés
à Toftat dans le voyage. Quelque fond
qu'elle fît fur l'habileté de mon Chirurgien, fon impatience étoit de me voir à
Londres, pour y recevoir mille fecours
qu'il ne falloit point efpérer en Irlande.
Mais il nous reftoit des intérêts précieux
à régler. Nous ignorions le fort de Mademoifelle Fidert, & l'amitié ne nous
permettoit pas de nous éloigner, fans

avoir vû ſa fortune & ſon repos bien
établis. Quoiqu'il ſe fût paſſé plus d'un
mois depuis la Bataille de la Boyne, la
difficulté des communications & mes propres diſgraces nous avoient ôté tous les
moyens de nous informer de ſa ſituation. J'ignorois même ſi elle avoit reçû
ſa grace, & ſon mari l'ordre de ſe rendre à ſon Régiment. Ma réſolution étant
de retourner à Greenlaſter, où je m'é-
tois bien trouvé de l'air & des alimens
après mes premieres bleſſures, & où j'a-
vois fait un ami, que je ſouhaitois de
revoir, je me propoſai de faire partir de-
là quelque perſonne de confiance, ou
cet ami même, ſi je le trouvois diſpoſé
à ſe charger de cette commiſſion, pour
aller s'aſſurer à Canterſtrof des change-
mens qui devoient y être arrivés. Toſtat,
qui m'entendit parler de ce deſſein, s'é-
chauffa au nom du jeune Ecke, dont le pere n'avoit pas été moins ſon ami que le
mien. Je ne lui cachai pas les raiſons
qui m'intéreſſoient à ſon mariage, ni même l'inquiétude qui me reſtoit pour ſa
femme. Il ſe trouvoit maître abſolu de
lui-même par la mort de ſon pere, & par
conſéquent plus redoutable que jamais
dans ſes violences. Toſtat qui avoit ſçû
combien Mademoiſelle Fidert avoit été
chere à M. le Maréchal, & pour qui ce

souvenir étoit un motif de la servir, s'offrit à faire le voyage de Canterstrof, avec d'autant plus de confiance que le jeune Ecke n'ignoroit pas l'étroite liaison qu'il avoit eue avec son pere. Il en prit occasion de me raconter ce que j'ai déja rapporté de l'Horoscope de M. de Schomberg. L'ayant suivi dans toutes ses courses, il étoit à Lisbone avec lui, lorsqu'il s'étoit adressé au Juif qui l'avoit rempli de mille préventions aussi frivoles en elles-mêmes, qu'elles sembloient s'être trouvées justes par l'événement. Elles avoient été jusqu'à lui faire changer le dessein qu'il avoit eu de se fixer en Hollande, par la seule raison qu'il n'y avoit point trouvé de femmes qui eussent fait impression sur son cœur, & que pour remplir la prédiction du Juif, il falloit qu'il aimât, & qu'il fût aimé. On peut la compter du moins parmi ses motifs : car il en avoit sans doute un plus puissant dans l'amitié du Roi Guillaume, qui lui avoit promis en le faisant partir avec lui pour l'Angleterre, toutes les faveurs dont il prit bien-tôt plaisir à le combler.

J'acceptai l'offre de Tostat, & je lui donnai pour guide le valet qui avoit servi Mademoiselle Fidert, avec la seule

précaution de lui recommander, non-
feulement de ne pas fe faire accompagner de ce garçon en entrant au Château, mais d'éviter même tout ce qui
pourroit rappeller à l'imagination d'Ecke
les fources de fa jaloufie. Ainfi je le priai
d'éviter jufqu'à mon nom ; ce qui ne
m'empêcha point de le charger d'une
Lettre pour Mademoifelle Fidert, par
laquelle je l'exhortois à s'ouvrir avec
confiance à celui qui l'alloit voir de la
part de Madame de Montcal & de la
mienne. Quelques allarmes que nous
euffions reffenties long-tems pour cette
chere amie, il nous parut, en confidé-
rant l'effet que la bonté du Roi avoit
dû produire fur fon mari, que nous devions mieux augurer de fon établiffe-
ment ; & jugeant trop favorablement
d'un furieux qui étoit capable de l'excès
de toutes les paffions, nous vîmes partir
Toftat avec l'efpérance de recevoir les
plus heureufes nouvelles à fon retour.
M'étant fait tranfporter à Greenlafter,
j'y paffai quelques jours dans une tranquillité qui avança beaucoup ma guérifon. Le Comte de Solms, qui avoit reçû deux dangereufes bleffures à la Boyne, s'étoit retiré au Château de Perwith, où il commençoit auffi à fe réta-

blir. Il n'apprit point que j'étois si proche de lui fans me faire preffer de le
voir fouvent. Je répondis à cette politeffe avec tout l'empreffement qu'elle
méritoit de la part d'un Seigneur qui
avoit été lié fort étroitement avec M. de
Schomberg, & qui m'avoit toujours ho-
noré d'une eftime diftinguée. Nous
étions fort éloignés néanmoins de la familiarité; mais elle fe forma fi promtement dans les vifites que je lui rendis,
qu'étant devenus inféparables, il me con-
fia les raifons qui lui avoient fait abandonner l'Allemagne immédiatement a-
près la ligue d'Aufbourg. L'Electeur de
Baviere, dont il aimoit la fœur, avoit
regardé comme un affront qu'il eût entrepris de rendre fecretement des foins
à cette Princeffe, & l'avoit fait menacer
de toute fa vengeance, s'il continuoit
de la voir fans témoins. Cet avis avoit
fait garder plus de mefures au Comte;
mais loin de fe refroidir, il avoit cherché de nouvelles voyes pour foutenir
fon intrigue, jufqu'à fe dégui'er en femme, & fe préfenter à la Princeffe fous
le nom d'une Dame Etrangere, qui venoit implorer fa protection. Cet artifice
lui avoit réuffi dans plufieurs vifites.
Mais il fut reconnu, & quelques domef-

tiques lui firent l'insulte de lui couper
les juppes. Ne pouvant douter qu'ils
n'eussent agi par l'ordre de l'Electeur,
il trouva l'outrage fort supérieur à l'of-
fense ; & dans une Diete de l'Empire,
où le pouvoir souverain est plus limité,
le rang de son ennemi ne l'auroit pas
empêché de faire éclater son ressentiment, si l'Electeur ne l'eût prévenu lui-
même dans une partie de chasse que les
Princes de la Diete faisoient près d'Ausbourg. Il prit le Comte à l'écart ; &
soit pour lui faire raison ou pour satisfaire le mouvement de sa propre haine,
il lui offrit le choix de l'épée ou du pis-
tolet. Mais dans le tems qu'ils se dispo-
soient à se traiter sans ménagement, plusieurs Officiers de la suite de l'Electeur
les surprirent ; & l'indignation qu'ils eurent de la hardiesse du Comte les auroit
portés à lui faire quelque nouvelle insulte, si leur Maître ne les eût forcés de
le respecter. Tous ses amis voyant peu
de sureté pour lui dans Ausbourg, le
presserent de s'éloigner ; ce qui ne l'empêcha point avant son départ de se procurer encore une fois l'occasion de voir
la Princesse. Et s'ouvrant même à moi
sur les termes où il étoit avec elle, il me
fit entendre qu'elle n'avoit point d'éloi-

gnement pour quitter l'Allemagne avec
lui. Il étoit paffé en Hollande, où il s'é-
toit fait un honneur d'accompagner le
Prince d'Orange dans fon Expédition.

Madame de Montcal étoit avec moi
dans les vifites que je lui rendois prefque tous les jours à Perwith. Le penchant qu'il avoit à la galanterie lui fit
entreprendre de plaire à ma femme ; &
jugeant d'elle par l'idée que les Etran-
gers fe forment des Dames Françoifes,
il crut apparemment qu'il la trouveroit
difpofée à fe faire un amufement de fes
foins. La voye qu'il prit n'étoit pas fans
adreffe. Madame de Montcal s'étoit liée
avec la femme du Maire de Greenlafter,
qui la quittoit peu, & qui étoit ordinairement de nos voyages. Ce fut à celle-
ci que le Comte parut d'abord adreffer
fes foupirs , & ma femme y fut trompée
pendant quelques jours. Mais cette Dame qui n'avoit pas moins de vertu que
de beauté, n'avoit écouté les propofi-
tions du Comte que pour lui ôter également l'efpérance, & qu'elle fût propre
à s'en charger, & que Madame de Montcal voulût les recevoir. Enfin fes importunités la forcerent de s'ouvrir à nous.
Nous traitâmes ce récit de badinage, &
je fus le premier à répondre que je féli-

citois ma femme d'avoir mérité l'estime
d'un si galant homme. Cependant le
Comte, rebuté de la Dame Irlandoise,
prit le parti de s'adresser directement à
Madame de Montcal. Elle lui fit sans
doute les réponses qui convenoient à ses
principes ; mais lorsqu'elle voulut m'en
rendre compte, j'en badinai avec elle-
même, & je la priai de croire que je n'a-
vois pas besoin de ce détail pour être
tranquille sur sa tendresse & sa fidélité.
Je continuai de prendre cette avanture
du même ton, jusqu'à faire connoître au
Comte que je n'ignorois pas les dispositions de son cœur, & que j'étois ravi que
les charmes de ma femme eussent été
capables de lui faire oublier une Princesse d'Allemagne. Peut être cette affectation de sécurité fut-elle poussée trop
loin ; mais quoique Madame de Montcal
affectât d'en rire aussi, elle en fut insensiblement choquée, sur-tout après un tour
que je lui fis malicieusement. Elle étoit
à jouer avec quelques personnes du voisinage, qui se rendoient aussi souvent
que nous au Château de Perwith. Je me
tenois debout derriere elle, & dans la
familiarité qui s'étoit établie entre toutes
les personnes qui composoient notre société, je n'avois pas fait difficulté de

paſſer les deux bras ſur ſes épaules, & d'avoir les deux mains appuyées ſur ſon ſein. La vûe du Comte de Solms, qui étoit de l'autre côté de la ſalle, me fit naître l'envie de l'appeller d'un ſigne de tête; & retirant doucement mes mains, je l'invitai ſans bruit à prendre la place & la poſture où j'étois. Il le fit ſi adroitement que Madame de Montcal n'eut pas la moindre défiance que ce fût un autre que moi. Pendant ce tems, je me rendis de l'autre côté de la table, où je demeurai quelques momens derriere le fauteuil de celui qui étoit vis-à-vis d'elle. Ses yeux s'éleverent ſur moi, & ſe baiſſerent enſuite ſur ſon jeu, ſans qu'elle parût frappée de la moindre réflexion. Mais lés ayant levés pour la ſeconde fois, je remarquai qu'elle me conſidéroit attentivement; & quittant tout d'un coup ſa place avec un cri de ſurpriſe & d'effroi, elle ſe débarraſſa bruſquement des bras du Comte, qui fit quelques efforts pour la rétenir. Ce ſpectacle avoit beaucoup réjoui l'aſſemblée; & m'animant moi-même à la joye, je fis agréablement quelques reproches à ma femme d'avoir ſi mal appris à me diſtinguer d'un autre homme. Avec beaucoup d'eſprit & d'uſage du monde, elle fut la

feule à qui cette plaifanterie déplut. Je
découvris fon chagrin, & j'abrégeai une
fcene qu'elle ne fupportoit pas volontiers. Son humeur, qui étoit naturellement enjouée, parut fombre pendant
quelques jours, fans que mes careffes &
mes excufes fuffent capables de diffiper
cette mélancolie. Enfin je lui vis plus de
gayeté, mais ce ne fut point avec moi;
ou fi elle m'adreffoit par intervalles quelque chofe de vif & de badin, j'y remar-
quois un air de contrainte. Elle alla bien-
tôt jufqu'à donner quelques marques
d'intelligence avec le Comte. Elle lui
parloit à l'oreille; elle paroiffoit écouter avec plaifir fes réponfes: elle applau-
diffoit à fes moindres actions. Cette conduite fit d'abord peu d'impreffion fur
moi; mais j'avoue que la voyant croître
par dégrés, à mefure que j'y paroiffois
moins fenfible, elle eut enfin la force de
me caufer quelque inquiétude. Je devins
rêveur & taciturne à mon tour. Le Comte de Solms, à qui j'avois trouvé jufqu'alors mille qualités aimables, ne me
parut plus qu'un fanfaron, & l'homme
du commerce le plus ennuyeux. Loin
de marquer le même empreffement à l'aller voir, je trouvois toujours quelques
prétextes pour remettre le voyage au

lendemain, & je sentois malgré moi une
secrete amertume, lorsque Madame de
Montcal répondoit elle-meme à mes difficultés, & trouvoit quelque bonne raison pour lever les obstacles.

L'absence de Tostat avoit duré si long-
tems que cette seule allarme me four-
nissoit tous les jours des objections
contre les voyages de Perwith. Il étoit
bien étrange en effet qu'il se fût déja
passé plus de quinze jours sans que nous
eussions reçû de ses nouvelles, & qu'il
ne m'eût pas renvoyé du moins le valet
que je lui avois donné pour guide. Deux
jours s'écoulerent encore, pendant lesquels mes propres peines sembloient me
disposer à la compassion pour celles d'autrui. Enfin je vis arriver mon valet, qui
s'offrit à moi d'un air si triste & si agité,
qu'il me fit présentir une partie de sa
commission. Je n'en attendis du moins
rien d'heureux pour Mademoiselle Fidert, quoique ce ne fût point encore sur
elle que la fortune avoit fait tomber ses
plus rigoureux coups.

Mon valet revenoit chez moi par ses
ordres; car Tostat ne vivoit plus. Il étoit
parti, non du Château de Cantestrof,
mais de celui de Rekbik, qui étoit tombé à Mademoiselle Fidert avec l'héri-

tage de son frere. Après m'avoir préparé à d'affreuses nouvelles, il m'apprit que Toſtat ayant ſuivi mes conſeils en arrivant au Château d'Ecke, avoit feint de n'y être amené que par les tendres ſentimens qui l'avoient attaché au pere, & par le déſir de ſe conſoler de ſa perte avec le fils d'un ami ſi cher. Ecke lui avoit fait d'abord un accueil fort civil, & cette politeſſe avoit duré dans leur premier entretien juſqu'aux queſtions que Toſtat avoit commencées ſur le Meſſager & les dépêches qu'il avoit dû recevoir du Camp de la Boyne. Les mêmes ſoupçons qui l'avoient empêché d'obéir aux ordres de ſon Général & de ſon Pere, lui avoient fait naître dans l'eſprit la plus cruelle défiance. Il s'étoit imaginé tout d'un coup qu'un homme ſi bien inſtruit de l'ordre qu'il avoit reçû, devoit avoir eu quelque part aux intentions qu'il avoit ſuppoſées à M. le Maréchal & à ſon Pere; c'eſt-à-dire, que s'étant perſuadé alors que le deſſein de M. de Schomberg & celui de ſon Pere, en le rappellant d'une maniere ſi extraordinaire, & ſi long-tems avant le terme qui avoit été impoſé à ſon exil, n'étoit que de lui enlever ſa femme, dans l'opinion où il les ſuppoſoit toujours qu'elle étoit

ſa

fa Maîtreſſe, il crut qu'après leur mort
Toſtat penſoit encore à l'exécution de
leur entrepriſe. S'il ne s'emporta point
ſur le champ aux dernieres violences, ce
fut par la ſeule conſidération qu'il crut
devoir à un homme qui avoit été l'ami
de ſon Pere. Il ſe contraignit, pour le
traiter avec des égards forcés, dont il
lui tardoit de voir bien-tôt la fin. Mais
n'ayant pû ſe diſpenſer de lui laiſſer prendre quelques jours de repos dans ſa maiſon, il ne ſe fut pas plutôt apperçû qu'il
avoit cherché l'occaſion d'entretenir ſa
femme à l'écart, qu'il prit avec lui l'air
le plus froid, tandis que d'un autre côté
il força Mademoiſelle Fidert de garder
ſon Appartement.

Il ne fut pas difficile à Toſtat, que
j'avois prévenu en lui communiquant
toutes mes lumieres, de pénétrer une
partie des mouvemens jaloux qui l'agi-
toient. Cependant le déſir d'exécuter fi-
delement ſa commiſſion lui fit affecter
d'avoir les yeux fermés ſur toutes les
apparences. Il avoit déja remis ma Lettre
à Mademoiſelle Fidert, & le récit qu'elle
lui avoit fait de ſes peines l'ayant perſuadé qu'elle avoit beſoin plus que jamais d'être ſecourue, il avoit renouvellé
le conſeil qu'elle avoit reçû de moi par

III. Partie.   G

ma premiere Lettre, de se rendre dans
ses propres Terres, où elle pouvoit se
mettre à couvert des violences d'un mari
si furieux, aussi long-tems du moins qu'il
différeroit la déclaration de leur mariage. Ce conseil supposoit dans ma Lettre,
qu'Ecke dût se rendre aux ordres de M.
le Maréchal, qui le rappelloient à l'Armée ; mais les circonstances étant chan-
gées, il devenoit une imprudence, par
laquelle Mademoiselle Fidert se laissa
d'autant plus facilement entraîner que
dans la bouche d'un homme qui lui venoit de la part de Madame de Montcal
& de la mienne, elle le regarda au contraire comme le sentiment de ses amis,
& comme le meilleur parti qu'elle eût à
choisir. Sa résolution fut hâtée par quelques incidens qui redoublerent ses craintes. Tostat ayant employé toute son
adresse pour la voir, eut le malheur de
ne pas échapper aux yeux qui l'obser-
voient. Les ménagemens qu'on eut pour
lui ne servirent qu'à échauffer la fureur
dont Mademoiselle Fidert ressentit les
marques. Elle ne balança plus à partir ;
& pour se mettre à couvert de toutes
sortes de nouveaux soupçons, elle ré-
solut de se faire conduire par mon valet,
qui étoit dans le voisinage du Château,

tandis que Toftat demeureroit quelques
jours près d'Ecke, avant que de la rejoindre.

Son départ jetta ce furieux dans des
tranfports qui ne peuvent être repréfen-
tés. Il ne pouvoit les tourner fur Toftat
qui ne s'étoit point éloigné de fa maifon, & qui avoit même évité de prendre
part aux mouvemens que Mademoifelle
Fidert s'étoit donnés pour les préparatifs de fa fuite. Cependant lorfqu'il le
vit prêt à le quitter, fa jaloufie trop
éclairée lui fit comprendre que le tems
qu'il avoit paffé chez lui depuis le départ de fa femme, pouvoit n'être qu'un
voile pour couvrir leur intelligence. Il
le fit fuivre. La Terre de Rikfek étoit
à trente milles de Canterftrof. L'Efpion
qui étoit attaché à fa fuite, crut avoir
tout obtenu, lorfqu'il fe fut affuré que
Mademoifelle Fidert étoit au même lieu;
il porta auffi-tôt cette importante nouvelle à fon Maître.

Notre amie s'étoit rendue coupable
d'une nouvelle imprudence, en négligeant de marquer elle-même à fon mari
le lieu de fa retraite & les motifs de fa
fuite. N'eût-elle eu pour prétexte que
le délai qu'il apportoit encore à la pu-
blication de fon mariage, perfonne ne

G ij

l'auroit condamnée de se retirer dans sa maison paternelle, & d'y attendre qu'il la revêtît d'un titre, sans lequel il ne lui convenoit plus de vivre avec lui. D'ailleurs, il avoit differé jusqu'alors à faire revêtir la grace qu'elle avoit obtenue du Roi, des formalités qui étoient encore nécessaires du côté des Tribunaux d'Irlande; & cette raison étoit une excuse de plus, puisqu'il n'y avoit rien de si pressant pour elle que de s'assurer la jouissance tranquille de ses biens. Mais en arrivant à Rikſek elle devoit une Lettre à son mari. Il étoit peu nécessaire aussi que Tostat marchât sur ses traces; & son zéle manquoit encore de prudence, après avoir reconnu que la jalousie d'Ecke s'attachoit particulierement à lui. Aussi son malheur ne fut-il regreté de personne. Ecke se mit en marche sur les premiers éclaircissemens qu'il reçut de son Courrier. Il se les fit confirmer dans le voisinage de Rikſek; & n'en demandant point d'autres pour se croire autorisé à la vengeance, il fit appeller Tostat; il le força de se battre sans un mot d'explication, & sa fureur fut assez heureuse pour le tuer du premier coup. Peut-être réservoit-il le même châtiment à sa femme. Mais sur quelque défiance

que mon valet lui fit maître en voyant
appeller Toftat par un inconnu, elle prit
des mesures assez promptes pour se faire
un azile impénétrable de sa maison. Ecke,
qui ne manqua point de s'y préfenter
avec audace, comprit en la voyant défendue par quelques gens armés, qu'on
s'étoit mis en état de ne pas craindre fes
violences. Ne pouvant tirer aucun droit
de fon mariage, qui n'étoit pas connu
dans la Terre de fa femme, & n'ofant
même fe promettre de la fureté après
l'excès auquel il venoit de s'emporter,
toute fa rage n'empêcha point qu'il ne
prît le parti de la fuite.

C'étoit dans la douleur de cette nouvelle infortune que Mademoifelle Fidert
m'avoit dépêché mon valet, avec une
Lettre où elle imploroit le fecours de
mon amitié. Elle me déclaroit, que
n'ayant plus ni de repos, ni même de
fureté à efpérer pour fa vie, avec un
mari dont elle connoifloit le terrible caractere, elle étoit réfolue non-feulement
de fe mettre à couvert de fes fureurs par
une féparation perpétuelle, mais de faire
caffer, s'il étoit poffible, un fi malheureux mariage. Elle me conjuroit de ne
pas quitter l'Irlande fans faire le voyage
de Rikfek avec Madame de Montcal;

G iij

& si elle étoit assez heureuse pour se dé-
gager de ses chaînes, elle nous faisoit
entendre que son dessein étoit de ven-
dre son bien & de repasser en Angleterre
avec nous.

Nous fûmes vivement touchés de sa
situation. Le malheur de Tostat ne nous
auroit pas moins affligés, s'il ne se l'é-
toit attiré comme volontairement par
l'indiscretion de son zéle. Je trouvai
même, en interrompant mon valet, quelques raisons de croire qu'il étoit entré
dans ses services une autre sorte d'intérêt, qui convenoit peu à un homme
d'honneur dans les tristes circonstances
où il avoit trouvé Mademoiselle Fidert.
Les soupçons d'Ecke n'avoient pas été
sans fondement. Tostat avoit pris de l'inclination pour sa femme; & peut-être
s'étoit-il flaté, en la suivant dans sa Terre, de tirer quelque avantage de son embarras pour s'établir dans son cœur. Elle
me confessa elle-même que c'étoit lui
qui lui avoit inspiré la premiere idée de
faire rompre son mariage; & que la lui
voyant recevoir avec ardeur, il n'avoit
pas fait difficulté de se proposer à elle
pour succéder aux droits qu'il vouloit
faire perdre à son mari. Mais sans se croire celui de s'en offenser, elle avoit re-

jetté une proposition qui ne s'accordoit
pas déformanis avec le dégout qu'elle
avoit pris pour l'amour. Je ne me suis
arrêté à cette remarque que pour me justifier de la mort de Toftat, à laquelle
on pourroit m'accufer d'avoir contribué
en l'engageant au voyage de Canterftrof.

Madame de Montcal, à qui les intérêts de Mademoiselle Fidert étoient
prefqu'aussi chers que les nôtres, ap-
prouva beaucoup le deffein qu'elle a-
voit de faire caffer fon mariage, &
m'excita vivement à ne rien épargner
pour lui rendre un fi important fervice.
En le défirant autant qu'elle, je n'y
voyois point toute la facilité qu'elle fe
figuroit. Cependant je me rendis à l'empreffement qu'elle me marquoit auffi
pour lui porter quelque confolation
dans fa retraite. Et mon intérêt m'y parut mêlé, parce que c'étoit m'éloigner
du Comte de Solms, qui commençoit
à me caufer des inquiétudes férieufes,
quoique j'euffe encore honte de me faire cet aveu à moi-même. Un mouvement dont je ne pus me défendre, me fit
faifir cette occafion de fatisfaire ma jaloufie. Vous ne craignez donc point,
dis-je à ma femme, de regreter Perwith
& tous les agrémens qu'il paroît avoir

pour vous. Ma rougeur m'auroit trahi ,
quand Madame de Montcal n'auroit pas
connu aussi bien que moi la cause de cette demande. Elle me regarda pendant
quelques momens d'un air satisfait ; &
m'embrassant ensuite avec le mouvement
d'une vive tendresse , Ah ! me dit-elle ,
vous n'êtes donc pas aussi insensible à la
jalousie que vous avez affecté de le paroître , & vous concevrez peut-être à
la fin ce qu'il m'en coute , lorsque je
vous vois comme indifférent pour les
prétentions qu'un autre a sur mon cœur.
Nos explications furent aisées après cette ouverture. Je convins qu'en effet il y
a une jalousie inséparable de l'amour ,
qui mériteroit peut-être un meilleur
nom pour la distinguer de la noire fureur dont Ecke étoit un exemple , &
qui doit être respectée mutuellement
entre deux personnes qui font profession de s'aimer. Si je me rendois témoignage que c'étoit la vivacité de ma tendresse qui me l'avoit fait sentir , je devois
être charmé de reconnoître aux mêmes
marques que j'étois aimé avec la même
ardeur , & rendre graces à ma femme
d'avoir réveillé le sentiment de mon
bonheur par une si bonne leçon.

Ma santé n'étoit pas si bien rétablie

153

que je n'euffe befoin de la ménager par
des attentions continuelles , fans quoi je
ne me ferois pas crû difpenfé de rejoindre nos Troupes , qui continuoient le
fiége de Limerick. Mais l'hiver qui commençoit à s'approcher , me forçant de
garder encore plus de précautions , je
confentis à l'aller paffer chez Mademoifelle Fidert , du moins s'il n'arrivoit rien
de la part de fon mari , qui nous obli-
geât plutôt de la quitter. Dans d'autres
circonftances j'aurois eu plus d'égards
pour les noires imaginations de ce furieux , & je ne me ferois pas expofé à
me faire foupçonner encore de chercher fa femme par d'autres motifs que
ceux de l'amitié ; mais lorfque fa jaloufie ne diftinguoit perfonne , & qu'elle
lui faifoit étendre indifféremment fa haine fur tout ce qui avoit eu quelque rapport à elle, je ne crus devoir aucun ménagement à de fi odieux caprices, d'autant plus que la préfence de Madame de
Montcal fuffifoit pour juftifier mes intentions. Nous arrivâmes à Rikfek
dans un tems où notre vifite ne pouvoit
jamais lui caufer plus de joie. Quelques
anciens amis de fa famille étoient venus
l'avertir qu'Ecke avoit paru aux environs de fa Terre avec une Troupe de
G v

gens armés ; & le bruit de son avanture
s'étant répandu par les démarches qu'il
avoit faites pour donner une couleur de
justice à ses prétentions, on ne doutoit
point qu'il ne fût résolu d'employer la
violence des armes pour se faire ouvrir
les portes de Riksek. Mademoiselle Fidert déja tremblante, n'avoit point d'autre ressource que dans le secours de
ceux qui lui donnoient cet avis ; mais ils
étoient trop peu aguéris pour la rassu-
rer, & ma présence lui parut valoir une armée. Je lui promis en effet qu'aussi long-
tems qu'il me resteroit un souffle de vie,
j'employerois toutes mes forces pour la
défendre. J'avois quatre domestiques
qui valoient les meilleurs soldats. Les
siens, quelques paysans de sa dépendance, & les trois honnêtes gens qui s'é-
toient réunis pour l'avertir, suffisoient
d'abord pour nous garantir de la surprise. J'observai la situation de sa maison.
Elle étoit défendue par un large fossé,
comme la plupart des châteaux d'Irlande. Avec un peu de vigilance & de résolution, je conçus qu'il falloit du canon pour nous forcer.

Je tournois encore nos préparatifs de
défense en badinage ; mais quelques
paysans que j'envoyai à la découverte

me rapporterent qu'ils avoient vû effectivement vingt Cavaliers bien armés qui
se tenoient à couvert derriére un bois ,
& qui attendoient vraisemblablement la
nuit pour exécuter leur dessein. Il n'y
eut point alors de précautions qui me
parûssent inutiles. J'armai de tout ce qui
me parut propre au combat, ceux qui é-
toient disposés à se conduire par mes ordres. Je les postai dans les lieux par où
je me défiai qu'on penseroit à nous
surprendre , & choisissant pour moi-même & pour mes quatre domestiques un
poste d'où j'étois sûr que nos pistolets ,
qui étoient nos seules armes à feu , feroient une terrible expédition , j'attendis tranquillement l'ouverture du siége.
Cependant il me vint à l'esprit , avant la
fin du jour , d'employer une voye plus
douce pour écarter nos ennemis. Comme ils ignoroient qu'ils dûssent trouver
tant de résistance , je me flatai qu'en apprenant qu'ils étoient attendus , & que
c'étoit à moi qu'ils auroient à faire, ils
pourroient se refroidir dans leur entreprise. Un paysan, à qui je crus découvrir quelque esprit , reçut ordre de moi
d'aller au devant d'Ecke , & de se procurer l'occasion de lui raconter tout ce
qui se passoit au Château de Ricsek. Je
G vj

lui recommandai de groſſir un peu les circonſtances, & de faire valoir ſur-tout nos armes, qui avoient beſoin de beaucoup d'exagération pour paroître redoutable à nos ennemis ; car à la réſerve de celles que j'avois apportées, elles ne conſiſtoient qu'en deux mauvais fuſils dont je n'aurois pas cru pouvoir me ſervir ſans riſque. J'avois fait prendre aux gens de Mademoiſelle Fidert des fourches, des broches, & tout ce qui s'étoit préſenté dans un Château, qui reſſembloit à une Métairie plus qu'à une Place de guerre.

Mon ſtratagême eut une partie de l'effet que je m'en étois promis. Ecke ſurpris de voir ſon projet éventé, abandonna le deſſein de l'attaque ; mais ce fut pour former une réſolution à laquelle je ne m'étois point attendu. Après nous avoir laiſſés tranquilles pendant la nuit, il m'envoya le matin un de ſes gens, avec une lettre injurieuſe par laquelle il me reprochoit ma perfidie, & dont la concluſion étoit de me défier au combat. Il m'attendoit ſeul, diſoit-il, ou en nombre égal à celui dont je voudrois me faire accompagner. Avant que de communiquer cette lettre aux deux Dames, j'examinai mûrement quelles loix l'hon-

neur m'impofoit. Devois-je accepter le
défi d'un furieux avec qui je n'avois rien
de perfonnel à démêler, & contre lequel je ne prenois parti que pour rendre fervice à un femme douce & inno-
cente ? Mes réfléxions me perfuaderent
que, loin de me faire applaudir par les
honnêtes gens, je mériterois d'être accufé
moi-même d'emportement & de légere-
té ; fans compter que ç'eût été juftifier
les bruits qu'Ecke avoit répandus contre l'honneur de fa femme, & me mettre au rang de Toftat, dont perfonne
n'avoit plaint l'infortune. Je pris donc
le parti de faire une réponfe modérée,
par laquelle j'exhortois Ecke à prendre
des voyes moins violentes pour faire re-
naître à fa femme le défir de vivre avec
lui ; & par rapport au combat qu'il me
propofoit, je l'affurai que ne lui por-
tant aucune haine, je ne voulois me
battre qu'autant que j'y ferois forcé par
la générofité & la juftice, pour défendre une femme que j'eftimois, & qui é-
toit liée d'une étroite amitié avec la
mienne. J'eus foin, tandis que j'écrivois
cette lettre, de donner quelques ordres
militaires qui furent entendus du Meffager ; & je le chargeai, en le renvoyant,
de déclarer à fon maître que, s'il de-

voit craindre peu que je le pourſuiviſſe ; il devoit s'attendre auſſi d'être reçû avec toute la vigueur par laquelle je croyois m'être aſſez fait connoître.

J'ai ſçû que ma réponſe l'avoit mis en fureur. Il s'approcha du Château en plein jour. Il en fit le tour pluſieurs fois, comme s'il eût cherché quelque paſſage pour affronter tous les périls. Mais le ſoin que j'eus de préſenter mes gens à chaque face, en leur faiſant traverſer le corps de Logis à meſure qu'il faiſoit le tour du foſſé, lui perſuada qu'ils étoient quatre fois du moins en auſſi grand nombre qu'il les voyoit de chaque côté. Il ſe retira ſans avoir lâché un coup de fuſil. Je le fis ſuivre. On me rapporta vers le ſoir qu'il s'étoit poſté dans le même bois où il avoit paſſé la nuit précédente, & je ne le crus pas réſolu d'abandonner ſon entrepriſe, puiſqu'il s'obſtinoit à ne pas s'éloigner.

Cependant Mademoiſelle Fidert étant plus déterminée que jamais à faire caſſer ſon mariage, je lui conſeillai de commencer promptement les premiéres procédures, ne fut-ce que pour intéreſſer les Tribunaux de la Juſtice à la délivrer de cette oppreſſion. Nous fîmes partir l'Intendant de ſes affaires pour Armagh,

qui étoit dans le voisinage, avec ordre
non-seulement de présenter sa requête
aux Juges, mais de demander sur le champ
main forte, pour donner la chasse à vingt
brigans qui jettoient autant d'allarmes
dans le pays, qu'ils en avoient causé dans
le Château qu'ils vouloient attaquer.
Les Compagnies de Justice ne sont pas
mieux armées en Irlande qu'en Angleterre : cependant il parut si chocquant
aux Juges d'Armagh qu'on vînt braver
leur autorité à si peu de distance de leur
Tribunal, qu'ils obtinrent du Gouverneur du Château quarante soldats de sa
Garnison ; & mon nom n'étant que trop
connu en Irlande depuis l'affaire de Til-
penny, ils me chargerent, en m'envoyant
ce détachement, de le commander au
nom du Roi pour la défense du pays.
Je m'attendois si peu à recevoir ce secours, qu'apprenant à l'entrée de la nuit
qu'on voyoit approcher du Pont une
Troupe considérable de gens de pied,
je ne doutai point que ce ne fût Ecke,
qui avoit fait quitter ses chevaux à ses
gens pour nous venir assiéger dans toutes les regles de la Guerre, je me crus
au moment de ne plus rien ménager ; &
me réjouissant de ce qu'il prenoit le
tems de la nuit, j'espérai que les téné-

bres me feroient suppléer plus aisément
par ma conduite & par la résolution
dont mes Compagnons étoient remplis
à l'inégalité du nombre & à la foiblesse
de nos armes. Cette erreur pensa cou-
ter la vie à quelques soldats d'Armagh ;
car jugeant de l'endroit par lequel on
pouvoit entreprendre de nous forcer,
j'y avois placé toutes nos armes à feu,
qui consistoient en douze pistolets &
deux fusils, avec ordre de faire leur décharge au premier mouvement qu'ils en-
tendroient à l'autre bord du fossé. Mais
l'Intendant de Mademoiselle Fidert s'é-
tant présenté seul au Pont, rendit la
tranquillité aux deux Dames qui s'aban-
donnoient déja à toute leur frayeur.
L'arrivée d'un secours si puissant nous
rassurant désormais contre toutes sortes
d'entreprises, je formai sur le recit de
l'Intendant un dessein dont j'espérois
encore plus de succès. Lorsqu'il m'eût
appris que la requête de Mademoiselle
Fidert avoit été reçûe favorablement,
& que l'ordre étoit déja porté d'assigner
Ecke pour exposer ses défenses, je résolus de lui donner avis au nom de sa
femme que s'étant adressée à la Justice,
elle étoit absolument hors de sa dépendance, du moins jusqu'à la conclusion

du procès ; & pour donner plus de force à cette lettre, je pris le parti de la
lui faire porter par le détachement d'Armagh, soutenu encore de quinze hommes que j'avois avec moi. S'il entroit
dans ce dessein quelque autre vûe que
d'informer ECKE de la vérité, c'étoit de
l'humilier, par la pensée que je ne voulois pas profiter de mon avantage pour
le punir de ses injures, & de le porter
promptement à se retirer. Je défendis à
l'Officier qui commandoit le détachement de lui faire la moindre insulte ; &
je voulus même que demeurant à cent
pas de lui avec sa Troupe, il lui fit porter ma lettre par un seul homme, qui
l'avertiroit seulement de la grace qu'on
lui faisoit de l'épargner. Le détachement
partit ; mais il ne s'étoit pas passé un
quart d'heure que je l'entendis revenir,
avec un bruit qui m'annonçoit quelque
nouvel événement. Il m'amenoit ECKE
qui s'étoit laissé prendre sans défense.
L'Officier, sans avoir eu dessein de passer mes ordres, avoit crû qu'ils consistoient principalement à mettre nos ennemis hors d'état de nous nuire, en é-
vitant néanmoins de combattre ; & si
j'avois compté que la confusion & la
crainte leur feroient prendre le parti de

se retirer, il s'imagina qu'il me seroit
encore plus agréable de me les voir présenter prisonniers & désarmés. C'étoit
un vieux Lieutenant de Grenadiers, qui
avoit acquis son expérience dans les
guerres de Charles II. Au lieu de faire
connoître sa marche à la Troupe d'Ecke,
il avoit entrepris de le surprendre. Ayant
envoyé quelques-uns de ses gens aux ob-
servations, il avoit appris d'eux qu'Ecke
montoit à cheval avec les siens. La nuit
étoit devenue fort obscure, & c'étoit le
tems qu'Ecke avoit attendu pour mettre notre vigilance à l'épreuve. Quoiqu'il ne se fût point apperçû de notre
petit nombre, il avoit sçû que nous é-
tions fort mal armés, & ses espérances
s'étoient ranimées par cette nouvelle.
L'Officier d'Armagh fit deux hayes de
de ses soixantes hommes, & les posta
des deux côtés du chemin, qui étoit bor-
dé heureusement de deux fossés secs,
où ils auroient pû se cacher sans peine ;
quand ils n'auroient point été favorisés
par les ténébres. Comme il n'étoit point
question de voyes sanglantes, il ne leur
ordonna que par précaution, de se tenir
prêts à tirer. Et prenant lui-même un
poste convenable à son dessein, il attendit qu'Ecke se fût engagé dans cette

embufcade. Il laiffa paffer deux Cavaliers , qui marchoient comme à la découverte , cent pas devant leur Troupe. Mais les autres ne furent pas plutôt
dans le piége , que fe préfentant feul à
leur Chef ; arrêtez , lui dit-il. Je fuis le
Commandant de la Garnifon d'Armagh ,
& j'ai mes foldats aux deux côtés du chemin , prêts à vous paffer par les armes
au moindre figne de réfiftance. Une
Troupe d'Oifeaux ne fe laiffe pas envelopper plus facilement dans les filets du
Chaffeur. A moi mes gens , s'écria l'Officier , & quartier pour ceux qui fe ren-
dront de bonne grace. Le bruit de foi-
xante hommes qui n'avoient qu'un pas à
faire pour appuyer le bout du fufil fur
les reins de chaque Cavalier , acheva
de rendre Ecke & fa Troupe immobile.
Ils mirent pied à terre au premier ordre du Lieutenant d'Armagh , qui fit
garder leurs chevaux & leurs armes par
vingt de fes foldats , tandis que les quarante autres fe mirent en état de conduire leurs prifonniers , fans crainte de les
voir manquer de foumiffion.

L'embarras où m'alloit jetter cette
nouvelle fcéne me fit balancer fi je devois donner des louanges à l'Officier ,
ou lui faire un reproche de ne s'être pas

conformé plus exactement à mes ordres.
Le reste néanmoins avoit été conduit
avec beaucoup de sagesse. En arrivant
au Château, il avoit laissé les Cavaliers
d'Ecke à quelque distance du Pont, sous
la garde de son détachement ; & ne s'é-
tant présenté qu'avec mes quinze hommes, auxquels il avoit livré Ecke pour
me l'amener , il se hâta même d'entrer
avant eux, & de venir m'annoncer un
succès que je ne désirois pas. Mademoiselle Fidert jetta un cri de frayeur en
apprenant que son mari alloit paroître.
Je pensai comme Madame de Montcal
qu'il falloit leur épargner à l'un & à
l'autre le désagrément de cette entre-
vûe ; & n'ayant moi-même aucun fruit
à tirer de voir Ecke, je pris le parti de
le faire conduire dans ma chambre, où
je donnai ordre qu'il fût gardé soigneu-
sement.

De quelle utilité nous étoit-il en effet
de l'avoir entre nos mains ? Nous n'a-
vions point de vengeance à tirer de lui
par des voyes basses, & nous étions encore plus eloignés de le livrer à la Justice d'Armagh, qui auroit pris connois-
sance aussi-tôt, non-seulement de la
hardiesse qu'il avoit eue d'armer sans
droit & sans autorité, mais de la mort de

Toſtat qui avoit été tué par ſa main.
Dans le deſſein où nous étions de faire
caſſer ſon mariage, il étoit à ſouhaiter au
contraire qu'il eût la liberté de produire
ſes défenſes, ſans quoi cette affaire auroit traîné en longueur. Et puis toutes
ſortes de Loix auroient fait un crime à
Mademoiſelle Fidert de livrer au châtiment un homme qui avoit commencé à
prendre ouvertement la qualité de ſon
mari. Cependant l'emploi dont j'avois
conſenti à me charger au nom du Roi,
ſembloit me faire un devoir de rendre
compte de mes Priſonniers au Tribunal
d'Armagh. Je ne vis qu'un moyen de
finir cet embarras; ce fut de faire garder
Ecke plus négligemment que je ne l'a-
vois ordonné, & de lui faciliter ſans affectation quelque voye pour ſe ſauver.
On m'étoit déja venu raconter que dans
le reſſentiment de ſe voir gardé avec cette
rigueur, autant que dans le chagrin d'a-
voir manqué ſon entrepriſe, il gardoit
un ſilence obſtiné, qui dans un caractere
tel que le ſien étoit la marque de la plus
noire fureur. Il pouvoit nous ſoupçon-
ner de tous les excès dont il auroit peut-
être été capable, c'eſt-à-dire, de penſer
à nous venger par nos propres mains,
ou du moins par celles de la Juſtice. Et

qui me répondoit que dans cette crainte il ne s'oubliât point jusqu'à tourner les siennes contre lui même ? J'étois dans un pays où ces exemples étoient familiers, & ç'eût été une autre peine pour Mademoiselle Fidert & pour moi, qu'un événement de cette nature auroit exposés à mille fâcheux soupçons.

Enfin je me déterminai à lui laisser tant de facilité pour fuir, qu'il en profita dès la même nuit. Je voulus même que pour lui laisser le tems de s'éloigner, on ne répandît pas tout d'un coup le bruit de sa fuite. Il n'y eut personne qui ne fût persuadé qu'il étoit sorti du Château. Je l'étois moi-même, jusqu'à n'en pas ressentir le moindre doute le lendemain, après quelques recherches affectées dans les Campagnes voisines, je renvoyai à leur Garnison l'Officier & le détachement d'Armagh. Les vingt Cavaliers d'Ecke n'étant pas plus à craindre que lui sans armes, je leur fis rendre la liberté & leurs chevaux, après leur avoir juré que leurs armes, dont je m'étois emparé pour la défense du Château, me serviroient à les punir sans quartier, s'ils s'arrêtoient un moment dans le Canton. Ils s'éloignerent promptement ; & je ne pus en douter, sur le

rapport de plusieurs personnnes que j'a-
vois envoyées à leur suite. Deux jours
que je crus devoir passer encore au Château, avant que de me rendre à Armagh,
où la bienséance m'obligeoit de voir le
Gouverneur du Château, & le Tribunal qui m'avoit confié la défense du pays,
acheverent de dissiper toutes mes défiances. Je laissai ma femme avec Mademoiselle Fidert, sous la garde de deux de
mes gens & des domestiques de la maison. Mais Ecke n'étoit pas si loin que
je le pensois. Il n'étoit pas sorti du Château. S'étant caché dans un grénier, a-
vec l'espérance de saisir quelque moment pour se venger, la faim l'avoit
forcé d'en sortir la nuit suivante, & de
s'adresser à la ferme du Château. N'étant
point reconnu, parce qu'il avoit été vû
de peu de personnes, il avoit obtenu
non-seulement de quoi satisfaire à ses
besoins, mais un secours inespéré, qu'il
n'avoit dû qu'à son adresse. Il avoit fait
tomber le Fermier & sa famille sur ce
qui s'étoit passé au Château ; & parlant
de lui-même sans intérêt, il avoit donné
un tour si spécieux à ses intentions, sur-
tout après avoir relevé la grace qu'il
avoit faite à Mademoiselle Fidert de l'é-
pouser dans un tems où elle étoit sans

fortune, & même fans fureté pour fa
vie, qu'il avoit difpofé des efprits fi fim-
ples à regarder la conduite de fa femme
comme une ingratitude & comme une
injuftice. Il l'avoit excufée néanmoins
en la rejettant fur les confeils de Toftat
& fur les miens : enfin lorfqu'il crut les
avoir touchés par fes fauffes infinua-
tions, il fe fit connoître pour Ecke même, qui revenoit tenter par l'artifice &
la douceur ce qui lui avoit fi mal réuffi
par la violence, & il acheva de les gagner en promettant au Fermier de le
faire Intendant du Château, & à fes gens
de leur accorder d'autres faveurs, qui
pouvoient les flater par l'intérêt ou par
l'ambition. La réfolution fut prife auffi-
tôt de s'unir, pour me forcer de me retirer avec ma femme, & le Fermier promit d'engager le lendemain tous fes amis
dans les mêmes vûes. Ma feule qualité
d'Etranger étoit un prétexte, pour fou-
lever contre moi les efprits en faveur
d'un homme de la Nation.

Ecke leur marqua fa confiance en paffant avec eux le refte de la nuit & tout
le jour fuivant. Si fes efpérances aug-
menterent par la facilité avec laquelle il
vit entrer dans fon projet quelques-uns
mêmes des Payfans qui m'avoient prêté
leur

leur fecours contre lui, elles furent com-
blées le foir, en apprenant que je me
difpofois à partir le lendemain pour Armagh. Il n'avoit plus de réfiftance à
craindre, & fe croyant déja le maître
du Château, il attendit mon départ avec
impatience. Je partis en effet, & j'em-
portai fi peu d'inquiétude, que fuivant
le confeil de Madame de Montcal, je
pris avec moi nos quatre domeftiques,
par le feul défir de paroître avec un peu
plus de diftinction dans un pays où l'on
mefure la grandeur par le fafte. Mon
deffein étoit de revenir le même jour:
car toute ma fécurité ne me faifoit pas
croire que je puffe m'abfenter la nuit
fans imprudence.

A peine fus-je éloigné des murs,
qu'Ecke foutenu de huit ou dix Payfans
s'introduifit dans les appartemens du
Château. Tout y étoit fi tranquille, que
les domeftiques de Mademoifelle Fidert
qui avoient chacun leur occupation, ne
s'apperçurent point du péril qui les menaçoit. Ecke, qui fe promettoit de les
gagner auffi, les arrêta fucceffivement
fans violence; & leur ayant expliqué fes
intentions, il les difpofa du moins à fuf-
pendre le choix du parti qu'ils avoient

III. Partie.   H

à suivre, jusqu'à ce que leur Maîtresse eût déclaré le sien.

Mademoiselle Fidert & Madame de Montcal étoient encore au lit. Ecke se présentant à sa femme sans s'être fait annoncer, la jetta dans une frayeur mortelle, qui se déclara aussi-tôt par ses cris. Madame de Montcal dont l'appartement étoit voisin, se hâta d'accourir. Elle ne fut pas moins frappée d'un spectacle si imprévû. Ecke s'empressa néanmoins de la combler de politesse; & comme s'il eût esperé de la mettre dans ses intérêts, il s'adressa d'abord à elle pour lui déclarer dans quelles vûes il étoit au Château. Il protesta qu'au milieu de tous ses ressentimens & de toutes ses douleurs, il étoit toujours enflammé du même amour, & qu'il alloit renoncer à tous ses desseins de vengeance, si sa femme lui donnoit le moindre signe de tendresse & de réconciliation. Il devoit ajouter qu'il renonceroit de même à toutes les fureurs de sa jalousie; & si Mademoiselle Fidert n'eût pas eu beaucoup de raisons de prendre confiance à ses promesses, elle auroit été plus embarrassée du moins à se défendre de ses instances. Mais lorsque dans le même mouvement avec lequel il venoit de parler

à ma femme, il voulut s'approcher d'elle
& lui faire directement les mêmes pro-
testations, elle le repoussa avec horreur. Les larmes & les sanglots qui lui
coupoient la voix, ne l'empêcherent
point de rappeller toutes ses plaintes ;
& lui parlant ouvertement de ce qu'il
sembloit feindre d'ignorer, elle parut
ferme à souhaiter qu'une si malheureuse
union fût incessamment rompue. Il reçut
ce discours comme une insulte ; & retombant dans ses fureurs, la présence
de ma femme ne l'empêcha point de les
exhaler en injures & en menaces. Madame de Montcal m'a dit cent fois qu'-
elle avoit été touchée de ses premieres
expressions ; mais qu'après cet étrange
passage des plus vives tendresses de l'a-
mour à l'emportement le plus brutal,
elle ne s'étoit plus trouvé que de l'aver-
sion & du mépris pour un si dangereux
caractere. Comme elle ne put douter
néanmoins qu'il ne fût en état de se faire
respecter par la force, elle fit signe à
Mademoiselle Fidert de se contraindre ;
& tâchant de le ramener elle-même à des
termes plus modérés, elle hazarda diverses questions qui pouvoient l'engager à l'aveu de son dessein. Il ne dissimula
point que si sa femme ne consentoit pas

à sceller leur mariage par une confirma-
tion publique, il étoit résolu de l'enlever sur le champ, & de s'abandonner à
toutes sortes de violences contre ceux
qui entreprendroient de s'y opposer.
Les Paysans, qui étoient d'intelligence
avec lui, n'avoient pas manqué de lui
découvrir les armes de ses gens, parmi
lesquelles il avoit reconnu les siennes ;
& s'il ne s'en étoit pas muni pour entrer dans l'appartement, il fit entendre
aux Dames qu'elles n'avoient point de
secours à espérer dans un lieu où il étoit
le plus fort.

L'alternative parut si affreuse à Mademoiselle Fidert, & les circonstances
néanmoins devinrent bien-tôt si pressan-
tes, que dans une extrémité dont elle
ne pouvoit se sauver que par la dissimu-
lation, elle prit le parti de l'adoucir par
une promesse qui étoit démentie au
fond de son cœur pendant que sa bouche la prononçoit. Après s'être donnée
à lui volontairement, lui dit-elle, c'é-
toit sans doute à regret qu'elle avoit
pensé à rompre les nœuds de son mariage ; & lorsqu'il auroit pour elle les sentimens qu'elle croyoit mériter par sa
conduite, elle lui promettoit qu'il n'auroit point à se plaindre de sa complai-

fance. C'étoit s'engager beaucoup; mais il exigea d'elle auffi-tôt des facrifices qui ne lui permirent point de foutenir long-tems un rôle fi forcé. M. de Montcal eft parti pour Armagh, lui dit-il; prions-le d'y demeurer. Si Madame, ajouta-t-il, en parlant de mon époufe, ne peut fupporter l'abfence de fon mari, j'aurai foin de la faire conduire aujourd'hui fur fes traces, avec tous les égards qui font dûs à fon mérite & à fon fexe. La mort auroit paru moins terrible à Mademoifelle Fidert que le danger de fe retrouver feule avec fon Tiran. Elle recommença à fe livrer aux larmes; & dans l'amertume de fon cœur, elle rétracta nettement des promeffes dont elle lui reprocha d'avoir déja violé les conditions. En vain Madame de Montcal, qui l'avoit engagée à les faire par divers fignes, renouvella-t-elle tous fes efforts pour lui faire fentir la néceffité de fe contraindre; il fut impoffible à la malheureufe Fidert de faire plus long-tems cette violence à fon cœur.

Ecke, qui n'attribua fon obftination qu'aux efpérances qu'elle fondoit fur mon retour, conçut qu'effectivement il n'avoit pas un moment à perdre pour fe rendre le maître abfolu dans le Château.

Il abandonna le deffein de l'enlevement, dont il fentit toutes les difficultés ; & s'arrêtant à celui de me renvoyer Madame de Montcal, il la fit partir fur le champ pour Armagh, fous la conduite du Fermier, qui s'étoit déja accoutumé à le regarder comme fon Maître. Et pour garder apparemment quelques mefures avec moi, il lui marqua un regret fort vif de fe voir obligé par la néceffité de fes affaires à fe repofer fur fes gens d'un foin qu'il auroit voulu prendre lui-même. Mademoifelle Fidert, après s'être livrée aux plaintes les plus touchantes, s'évanouit en recevant les adieux de ma femme. Il n'avoit été permis à l'une ni à l'autre de prononcer un feul mot fans témoins. Ainfi Mademoifelle Fidert ne put tirer aucune confolation de ma femme, ni moi les moindres lumieres de Madame de Montcal fur les fervices que notre amie pouvoit attendre de notre zéle.

Mon chagrin n'en fut que plus vif en apprenant des événemens fi contraires à mon attente. De quelque maniere que je puffe les envifager, il ne me convenoit point de faire le Héros de Roman, & d'aller contefter à un mari les droits qu'il avoit fur fa femme. Madame de

Montcal m'excitoit néanmoins à tout
entreprendre. Elle s'étoit bien gardée
en arrivant à Armagh de me chercher
dans l'état où Ecke l'avoit fait partir.
Elle s'étoit arrêtée dans un Fauxbourg,
d'où elle m'avoit donné avis de son arrivée. Je me trouvois dans ce moment
chez le Gouverneur du Château ; & n'au-
gurant pas bien d'une nouvelle si impré-
vûe , j'en avois marqué sur le champ de
l'inquiétude. Le Gouverneur m'avoit
offert ses plus ardens services, & Madame de Montcal me pressoit de les accepter. Cependant je mettois beaucoup
de différence entre le secours que j'avois
donné à Mademoiselle Fidert , lorsque
me trouvant près d'elle l'honneur me
faisoit une loi de la défendre , & celui
qui sembloit convenir aux circonstances
présentes. Il falloit former un siége ; &
sous quel prétexte ? Après mille réflexions, je crus que cette affaire devoit
être abandonnée au Tribunal d'Armagh,
qui avoit reçû la Requête de Mademoiselle Fidert, & que l'unique soin qui me
fût permis par la bienséance , étoit de
solliciter ses Juges en sa faveur.

Fin de la troisiéme Partie.